Protizánětlivá kuchyně

Zdraví a šťastí přes správnou výživu

Petra Nováková

Obsah

Porce květákové polévky: 10 15

Ingredience: 15

Pokyny: 15

Sladké bramborové burgery z černých fazolí: 6 17

Ingredience: 17

Pokyny: 18

Porce polévky s kokosovými houbami: 3 20

Ingredience: 20

Pokyny: 20

Zimní porce ovocného salátu: 6 22

Ingredience: 22

Pokyny: 22

Kuřecí stehna pečená na medu s mrkví Porce: 4 24

Ingredience: 24

Pokyny: 24

Krůtí chilli porce: 8 26

Ingredience: 26

Pokyny: 27

Čočková polévka s kořením Porce: 5 28

Ingredience: 28

Pokyny: 28

Porce česnekového kuřete a zeleniny: 4 30

Ingredience: 30

Pokyny: 30

Porce salátu s uzeným lososem: 4 32

Ingredience: 32

Pokyny: 33

Porce fazolového salátu Shawarma: 2 34

Ingredience: 34

Pokyny: 35

Porce smažené rýže s ananasem: 4 36

Ingredience: 36

Pokyny: 37

Porce čočkové polévky: 2 38

Ingredience: 38

Pokyny: 39

Lahodný tuňákový salát Porce: 2 40

Ingredience: 40

Pokyny: 40

Aioli s vejci Porce: 12 42

Ingredience: 42

Pokyny: 42

Těstoviny na špagety s bylinkovou houbovou omáčkou Ingredience: 43

Pokyny: 44

Hnědá Rýže A Shitake Miso Polévka S Jarní cibulkou 46

Ingredience: 46

Grilovaný pstruh s česnekem a petrželkou dresinkem 48

Ingredience: 48

Pokyny: 48

Suroviny na kari květák a cizrnu: 50

Pokyny:	51
Porce pohankové nudlové polévky: 4	52
Ingredience:	52
Pokyny:	53
Snadné porce lososového salátu: 1	54
Ingredience:	54
Pokyny:	54
Porce zeleninové polévky: 4	55
Ingredience:	55
Pokyny:	56
Citronově česnekové krevety porce: 4	57
Ingredience:	57
Pokyny:	57
Ingredience Blt Spring Rolls:	58
Porce hrudí s modrým sýrem: 6	59
Ingredience:	59
Pokyny:	59
Studená Soba s přísadami na dresing Miso:	61
Pokyny:	62
Zapečené kousky buvolího květáku Porce: 2	63
Ingredience:	63
Pokyny:	63
Česnekové kuře zapečené s bazalkou a rajčaty Porce: 4	65
Ingredience:	65
Pokyny:	65
Krémová kurkumová květáková polévka Porce: 4	67
Ingredience:	67

Pokyny: 68
Houby, Kapusta A Sladké Brambory Hnědá Rýže 69
Ingredience: 69
Pečená tilapie recept s pekanovou rozmarýnovou polevou 71
Ingredience: 71
Porce tortilly z černých fazolí: 2 73
Ingredience: 73
Pokyny: 73
Bílé Fazolové Kuře Se Zimní Zelenou Zeleninou 74
Ingredience: 74
Pokyny: 75
Bylinkové porce pečeného lososa: 2 76
Ingredience: 76
Pokyny: 76
Řecký jogurtový kuřecí salát 78
Ingredience: 78
Pokyny: 78
Salát z mleté cizrny 79
Ingredience: 79
Pokyny: 80
Salát z Valencie: 10 81
Ingredience: 81
Pokyny: 82
Porce polévky „Snězte zelení": 4 83
Ingredience: 83
Pokyny: 84
Miso porce lososa a zelených fazolek: 4 85

Ingredience: 85

Pokyny: 85

Porce pórkové, kuřecí a špenátové polévky: 4 86

Ingredience: 86

Pokyny: 86

Dark Choco Bombs Porce: 24 88

Ingredience: 88

Pokyny: 88

Porce italské plněné papriky: 6 89

Ingredience: 89

Pokyny: 90

Uzený pstruh zabalený v salátu Porce: 4 91

Ingredience: 91

Pokyny: 92

Ingredience na salát z devilovaných vajec: 93

Pokyny: 93

Sezamovo-tamari pečené kuře se zelenými fazolkami 95

Ingredience: 95

Pokyny: 95

Porce zázvorového kuřecího guláše: 6 97

Ingredience: 97

Pokyny: 98

Ingredience na smetanový salát Garbano: 99

Pokyny: 100

Mrkvové nudle se zázvorovou limetkovou arašídovou omáčkou ... 102

Ingredience: 102

Pokyny: 103

Pečená zelenina se sladkými bramborami a bílými fazolemi 104

Ingredience: 104

Pokyny: 105

Porce kapustového salátu: 1 106

Ingredience: 106

Pokyny: 106

Vychlazené skleněné porce z kokosu a lískových oříšků: 1 108

Ingredience: 108

Pokyny: 108

Skvělé porce Garbanza a špenátových fazolí: 4 109

Ingredience: 109

Pokyny: 109

Taro listy v kokosové omáčce Porce: 5 110

Ingredience: 110

Pokyny: 110

Porce pečeného tofu a zeleniny: 4 111

Ingredience: 111

Pokyny: 111

Kořeněná brokolice, květák a tofu s červenou cibulí 113

Ingredience: 113

Pokyny: 114

Porce fazolí a lososa: 4 115

Ingredience: 115

Pokyny: 116

Porce mrkvové polévky: 4 117

Ingredience: 117

Pokyny: 118

Porce zdravého těstovinového salátu: 6 119

Ingredience: 119

Pokyny: 119

Porce cizrnového kari: 4 až 6 121

Ingredience: 121

Pokyny: 122

Složení Stroganoff z mletého masa: 123

Pokyny: 123

Porce pikantních krátkých žebírek: 4. 125

Ingredience: 125

Pokyny: 126

Kuřecí a bezlepková nudlová polévka Porce: 4 127

Ingredience: 127

Porce čočkového kari: 4 129

Ingredience: 129

Pokyny: 130

Kuřecí maso a hrášek Porce restování: 4 131

Ingredience: 131

Pokyny: 132

Šťavnatá brokolice se sardelovými mandlemi Porce: 6 133

Ingredience: 133

Pokyny: 133

Porce shiitake a špenátové placičky: 8 135

Ingredience: 135

Pokyny: 135

Brokolicový květákový salát Porce: 6 137

Ingredience: 137

Pokyny:	138
Kuřecí salát s čínským dotykem Porce: 3	138
Ingredience:	139
Pokyny:	140
Amarant a quinoa plněné papriky porce: 4	140
Ingredience:	140
Křupavé rybí filé se sýrovou krustou Porce: 4	143
Ingredience:	143
Pokyny:	143
Protein Power Fazole A Zelené Plněné Skořápky	145
Ingredience:	145
Ingredience na asijský nudlový salát:	148
Pokyny:	148
Porce lososa a zelených fazolek: 4	150
Ingredience:	150
Pokyny:	150
Sýrové plněné kuřecí ingredience:	152
Pokyny:	153
Rukola s dresinkem gorgonzola Porce: 4	154
Ingredience:	154
Pokyny:	154
Porce zelné polévky: 6	156
Ingredience:	156
Porce květákové rýže: 4	157
Ingredience:	157
Pokyny:	157
Porce Feta Frittata a špenát: 4	158

Ingredience:	158
Pokyny:	158
Ingredience samolepek na ohnivý kuřecí hrnec:	160
Pokyny:	161
Česnekové krevety se strouhaným květákem Porce: 2	161
Ingredience:	162
Pokyny:	162
Porce brokolice s tuňákem: 1	164
Ingredience:	164
Pokyny:	164
Máslová dýňová polévka s krevetami Porce: 4	165
Ingredience:	165
Pokyny:	166
Chutné pečené krůtí kuličky Porce: 6	167
Ingredience:	167
Pokyny:	167
Porce průhledné polévky z škeblí: 4	169
Ingredience:	169
Pokyny:	170
Porce rýže a kuřecího hrnce: 4	171
Ingredience:	171
Pokyny:	172
Dušené krevety Jambalaya Jumble Porce: 4	174
Ingredience:	174
Kuřecí chilli porce: 6	176
Ingredience:	176
Pokyny:	177

Porce česnekové a čočkové polévky: 4 178
Ingredience: 178
Chutná cuketa & kuře v klasickém Santa Fe restování 180
Ingredience: 180
Pokyny: 181
Tilapia Tacos s úžasným zázvorovo-sezamovým salátem 182
Ingredience: 182
Pokyny: 182
Porce guláše z čočky na kari: 4 184
Ingredience: 184
Pokyny: 184
Kapustový salát Caesar s grilovaným kuřecím masem Porce: 2 ... 186
Ingredience: 186
Pokyny: 187
Porce špenátového salátu: 1 188
Ingredience: 188
Pokyny: 188
Porce krustovaného lososa s vlašskými ořechy a rozmarýnem: 6 189
Ingredience: 189
Pokyny: 190
Pečené sladké brambory s červenou omáčkou Tahini Porce: 4 191
Ingredience: 191
Pokyny: 192
Italská letní squashová polévka Porce: 4 193
Ingredience: 193
Pokyny: 194
Porce polévky se šafránem a lososem: 4 195

Ingredience: 195

Thajská horká a kyselá krevetová polévka a houbová polévka 197

Ingredience: 197

Pokyny: 198

Orzo se sušenými rajčaty Ingredience: 199

Pokyny: 199

Porce houbové a řepné polévky: 4 201

Ingredience: 201

Pokyny: 201

Ingredience na kuřecí parmazánové kuličky: 203

Pokyny: 203

Masové kuličky Alla Parmigiana Ingredience: 205

Pokyny: 206

Plech Pan Krůtí Prsa Se Zlatou Zeleninou 207

Ingredience: 207

Pokyny: 207

Kokosově zelené kari s vařenou rýží Porce: 8 209

Ingredience: 209

Pokyny: 209

Sladká bramborová a kuřecí polévka s čočkou Porce: 6 211

Ingredience: 211

Pokyny: 212

Porce květákové polévky: 10

Doba vaření: 10 minut

Ingredience:

¾ šálku vody

2 lžičky olivového oleje

1 cibule, nakrájená na kostičky

1 hlávka květáku, pouze růžičky

1 plechovka plnotučného kokosového mléka

1 lžička kurkumy

1 lžička zázvoru

1 lžička syrového medu

Pokyny:

1. Vložte všechny fixační prostředky do velkého hrnce a vařte asi 10 minut.

2. Pomocí ponorného mixéru rozmixujte a udělejte polévku hladkou.

Sloužit.

<u>Informace o výživě:</u>Celkový obsah sacharidů 7 g Vláknina: 2 g Čisté sacharidy: Bílkoviny: 2 g Celkový obsah tuků: 11 g Kalorie: 129

Sladké bramborové burgery z černých fazolí: 6

Doba vaření: 10 minut

Ingredience:

1/2 jalapeno, zbavené semínek a nakrájené na kostičky

1/2 šálku quinoa

6 celozrnných hamburgerových housek

1 plechovka černých fazolí, propláchnutých a scezených

Olivový olej/kokosový olej, na vaření

1 sladký brambor

1/2 šálku červené cibule, nakrájené na kostičky

4 lžíce bezlepkové ovesné mouky

2 stroužky česneku, mleté

2 lžičky pikantního cajunského koření

1/2 šálku koriandru, nasekaného

1 lžička kmínu

Klíčky

Sůl, podle chuti

Pepř, podle chuti

Pro Crema:

2 lžíce koriandru, nasekaného

1/2 zralého avokáda, nakrájeného na kostičky

4 lžíce nízkotučné zakysané smetany/čistého řeckého jogurtu 1 lžička limetkové šťávy

Pokyny:

1. Quinou propláchněte pod tekoucí studenou vodou. Do hrnce dejte hrnek vody a zahřejte ji. Přidejte quinou a přiveďte k varu.

2. Přikryjte a vařte na mírném ohni, dokud se všechna voda nevsákne, asi 15 minut.

3. Vypněte oheň a quinou načechrajte vidličkou. Poté quinou přendejte do misky a nechte 5-10 minut vychladnout.

4. Propíchněte brambory vidličkou a poté je na několik minut vložte do mikrovlnné trouby, dokud nebudou důkladně uvařené a měkké. Po uvaření brambory oloupejte a nechte vychladnout.

5. Přidejte uvařené brambory do kuchyňského robotu spolu s 1 plechovkou černých fazolí, ½ šálku nasekaného koriandru, 2 lžičkami Cajunského koření, ½ šálek cibule nakrájené na kostičky, 1 lžička kmínu a 2 nasekané stroužky česneku.

Pulzujte, dokud nezískáte hladkou směs. Přendejte ji do mísy a přidejte uvařenou quinou.

6. Přidejte ovesnou mouku/ovesné otruby. Dobře promíchejte a vytvarujte 6 placiček. Placičky dejte na plech a dejte do chladu asi na půl hodiny.

7. Přidejte všechny ingredience Crema do kuchyňského robotu. Pulzujte do hladka. Osolíme podle chuti a dáme vychladit.

8. Vymažte pánev olejem a zahřejte ji na střední teplotu.

Opékejte každou stranu placiček do světle zlatavé, jen 3-4 minuty.

Podávejte se smetanou, klíčky, buchtami a spolu s jakoukoli vaší oblíbenou polevou.

<u>Informace o výživě:</u>206 kalorií 6 g tuku 33,9 g celkem sacharidů 7,9 g bílkovin

Porce polévky s kokosovými houbami: 3

Doba vaření: 10 minut

Ingredience:

1 lžíce kokosového oleje

1 polévková lžíce mletého zázvoru

1 šálek cremini houby, nakrájené

½ lžičky kurkumy

2 a ½ šálku vody

½ šálku konzervovaného kokosového mléka

Mořská sůl podle chuti

Pokyny:

1. Ve velkém hrnci rozehřejte na středním plameni kokosový olej a přidejte houby. Vařte 3-4 minuty.

2. Vložte zbývající fixace a vařte. Necháme 5 minut povařit.

3. Rozdělte mezi tři polévkové misky a užívejte si!

<u>Informace o výživě:</u>Celkový obsah sacharidů 4 g Vláknina: 1 g Bílkoviny: 2 g Celkový obsah tuku: 14 g Kalorie: 143

Zimní porce ovocného salátu: 6

Doba vaření: 0 minut

Ingredience:

4 vařené sladké brambory nakrájené na kostky (1-palcové kostky) 3 hrušky nakrájené na kostky (1-palcové kostky)

1 šálek hroznů, rozpůlených

1 jablko, na kostky

½ šálku půlek pekanových ořechů

2 lžíce olivového oleje

1 lžíce červeného vinného octa

2 polévkové lžíce surového medu

Pokyny:

1. Na zálivku smíchejte olivový olej, červený vinný ocet a poté surový med a dejte stranou.

2. Smíchejte nakrájené ovoce, sladké brambory a půlky pekanových ořechů a rozdělte je do šesti servírovacích misek. Každou misku pokapejte dresinkem.

<u>Informace o výživě:</u>Celkový obsah sacharidů 40 g Vláknina: 6 g Bílkoviny: 3 g Celkový obsah tuků: 11 g Kalorie: 251

Kuřecí stehna pečená na medu s mrkví Porce: 4

Doba vaření: 50 minut

Ingredience:

2 lžíce nesoleného másla, pokojové teploty 3 velké mrkve, nakrájené na tenké plátky

2 stroužky česneku, nasekané

4 kuřecí stehna bez kosti a kůže

1 lžička soli

½ lžičky sušeného rozmarýnu

¼ lžičky čerstvě mletého černého pepře

2 lžíce medu

1 hrnek kuřecího vývaru nebo zeleninového vývaru

Klínky citronu, k podávání

Pokyny:

1. Předehřejte troubu na 400 °F. Plech vymažeme máslem.

2. Na plech rozložte mrkev a česnek v jedné vrstvě.

3. Kuře položte kůží nahoru na zeleninu a dochuťte solí, rozmarýnem a pepřem.

4. Navrch dejte med a přilijte vývar.

5. Pečte do 40 až 45 minut. Vyjměte a nechte 5 odpočinout

minut a podáváme s měsíčky citronu.

<u>Informace o výživě:</u>Kalorie 428 Celkový tuk: 28 g Celkové sacharidy: 15 g Cukr: 11 g Vláknina: 2 g Bílkoviny: 30 g Sodík: 732 mg

Krůtí chilli porce: 8

Doba vaření: 4 hodiny a 10 minut

Ingredience:

1 libra mletého krůtího masa, nejlépe 99% libového

2 plechovky červených fazolí, opláchnuté a okapané (15 oz každá) 1 červená paprika, nakrájená

2 plechovky rajčatové omáčky (každá 15 oz)

1 sklenice nakrájených zkrocených papriček jalapeňos, okapaných (16 oz) 2 plechovky drobných rajčat, nakrájených na kostičky (15 oz každá) 1 lžíce kmínu

1 žlutá paprika, hrubě nasekaná

2 plechovky černých fazolí, nejlépe propláchnutých a okapaných (každá 15 uncí) 1 šálek kukuřice, zmrazené

2 lžíce chilli prášku

1 lžíce olivového oleje

Černý pepř a sůl podle chuti

1 střední cibule, nakrájená na kostičky

Zelená cibule, avokádo, strouhaný sýr, řecký jogurt/zakysaná smetana, navrch, volitelné

Pokyny:

1. Ve velké pánvi rozehřejte olej, dokud nebude horký. Jakmile je hotovo, opatrně vložte krůtu do horké pánve a vařte, dokud nezhnědne. Nalijte krocana na dno pomalého hrnce, nejlépe 6 litrů.

2. Přidejte jalapeños, kukuřici, papriku, cibuli, nakrájená rajčata, rajčatovou omáčku, fazole, kmín a chilli prášek. Promíchejte, poté přidejte pepř a sůl podle chuti.

3. Přikryjte a vařte 6 hodin při nízké teplotě nebo 4 hodiny při vysoké teplotě.

Podávejte s volitelnou polevou a užívejte si.

Informace o výživě:kcal 455 Tuky: 9 g Vláknina: 19 g Bílkoviny: 38 g

Čočková polévka s kořením Porce: 5

Doba vaření: 25 minut

Ingredience:

1 šálek žluté cibule (nakrájené na kostičky)

1 šálek mrkve (nakrájené na kostičky)

1 šálek tuřínu

2 lžíce extra panenského olivového oleje

2 lžíce balzamikového octa

4 šálky baby špenátu

2 šálky hnědé čočky

¼ šálku čerstvé petrželky

Pokyny:

1. Tlakový hrnec předehřejte na středním plameni a přidejte do něj olivový olej a zeleninu.

2. Po 5 minutách přidejte do hrnce vývar, čočku, sůl a vařte 15 minut.

3. Odstraňte poklici a přidejte do ní špenát a ocet.

4. Polévku míchejte 5 minut a vypněte plamen.

5. Ozdobte čerstvou petrželkou.

Informace o výživě:Kalorie 96 Sacharidy: 16 g Tuky: 1 g Bílkoviny: 4 g

Porce česnekového kuřete a zeleniny: 4

Doba vaření: 45 minut

Ingredience:

2 lžičky extra panenského olivového oleje

1 pórek, pouze bílá část, nakrájený na tenké plátky

2 velké cukety, nakrájené na ¼-palcové plátky

4 kuřecí prsa bez kosti a kůže

3 stroužky česneku, nasekané

1 lžička soli

1 lžička sušeného oregana

¼ lžičky čerstvě mletého černého pepře

½ šálku bílého vína

Šťáva z 1 citronu

Pokyny:

1. Předehřejte troubu na 400 °F. Plech na pečení vymažte olejem.

2. Na plech dejte pórek a cuketu.

3. Kuře vložíme kůží nahoru a posypeme česnekem, solí, oreganem a pepřem. Přidejte víno.

4. Opékejte do 35 až 40 minut. Vyjměte a nechte 5 minut odpočívat.

5. Přidejte citronovou šťávu a podávejte.

Informace o výživě:Kalorie 315 Celkový tuk: 8 g Celkové sacharidy: 12 g Cukr: 4 g Vláknina: 2 g Bílkoviny: 44 g Sodík: 685 mg

Porce salátu s uzeným lososem: 4

Doba vaření: 20 minut

Ingredience:

2 cibule dětského fenyklu, nakrájené na tenké plátky, několik lístků vyhrazených 1 lžíce slaných kaparů, opláchnuté, okapané ½ šálku přírodního jogurtu

2 lžíce petrželky, nasekané

1 lžíce citronové šťávy, čerstvě vymačkané

2 lžíce čerstvé pažitky, nasekané

1 lžíce nasekaného čerstvého estragonu

180 g uzeného lososa nakrájeného na plátky, málo soli

½ červené cibule, nakrájené na tenké plátky

1 lžička citronové kůry, jemně nastrouhaná

½ šálku francouzské zelené čočky, opláchnuté

60 g čerstvého baby špenátu

½ avokáda, nakrájené na plátky

Špetka moučkového cukru

Pokyny:

1. Do velkého hrnce dejte vodu s vodou a vařte na mírném ohni. Jakmile se vaří; vařte čočku do měkka po dobu 20 minut; dobře vypustit.

2. Mezitím předem rozehřejte grilovací pánev na vysokou teplotu.

Plátky fenyklu postříkejte trochou oleje a vařte do měkka, 2

minut na stranu.

3. Pažitku, petrželku, jogurt, estragon, citronovou kůru a kapary zpracujte v kuchyňském robotu úplně dohladka a poté dochuťte pepřem podle chuti.

4. Vložte cibuli s cukrem, šťávou a špetkou soli do velké mixovací nádoby. Odstavte na pár minut a poté sceďte.

5. Čočku smíchejte s cibulí, fenyklem, avokádem a špenátem ve velké míse. Rovnoměrně rozdělte na talíře a navrch dejte rybu. Posypte zbytky fenyklu a více čerstvé petrželky. Pokapejte dresinkem ze zelené bohyně. Užívat si.

<u>Informace o výživě:</u>kcal 368 Tuky: 14 g Vláknina: 8 g Bílkoviny: 20 g

Porce fazolového salátu Shawarma: 2

Doba vaření: 20 minut

Ingredience:

Pro přípravu salátu

20 pita chipsů

5 uncí jarního salátu

10 cherry rajčat

¾ šálku čerstvé petrželky

¼ šálku červené cibule (nakrájené)

Pro cizrnu

1 lžíce olivového oleje

1 nadpis – lžíce kmínu a kurkumy

½ Záhlaví – lžíce papriky a koriandrového prášku 1 Špetka černého pepře

½ Slabé košer soli

¼ lžičky zázvoru a skořice

Pro přípravu dresinků

3 stroužky česneku

1 polévková lžíce sušeného vrtáku

1 lžíce limetkové šťávy

Voda

½ šálku hummusu

Pokyny:

1. Vložte mřížku do již předehřáté trouby (204 °C). Smíchejte cizrnu se vším kořením a bylinkami.

2. Na plech položte tenkou vrstvu cizrny a pečte ji téměř 20 minut. Pečte, dokud nejsou fazole zlatohnědé.

3. Na přípravu dresinku smíchejte všechny ingredience v míse na šlehání a rozmixujte. Vodu přidávejte postupně pro přiměřenou hladkost.

4. Smíchejte všechny bylinky a koření na přípravu salátu.

5. Pro podávání přidejte do salátu pita chipsy a fazole a pokapejte je dresinkem.

<u>Informace o výživě:</u>Kalorie 173 Sacharidy: 8 g Tuky: 6 g Bílkoviny: 19 g

Porce smažené rýže s ananasem: 4

Doba vaření: 20 minut

Ingredience:

2 mrkve, oloupané a nastrouhané

2 zelené cibule, nakrájené na plátky

3 lžíce sójové omáčky

1/2 šálku šunky, nakrájené na kostičky

1 lžíce sezamového oleje

2 šálky konzervovaného/čerstvého ananasu, nakrájeného na kostičky

1/2 lžičky zázvorového prášku

3 šálky hnědé rýže, vařené

1/4 lžičky bílého pepře

2 lžíce olivového oleje

1/2 šálku mraženého hrášku

2 stroužky česneku, nasekané

1/2 šálku mražené kukuřice

1 cibule, nakrájená na kostičky

Pokyny:

1. Do misky dejte 1 lžíci sezamového oleje, 3 lžíce sójové omáčky, 2 špetky bílého pepře a 1/2 lžičky zázvorového prášku. Dobře promícháme a necháme stranou.

2. Na pánvi předehřejte olej. Přidejte česnek spolu s nakrájenou cibulí.

Vařte asi 3-4 minuty za častého míchání.

3. Přidejte 1/2 šálku mraženého hrášku, nastrouhanou mrkev a 1/2 šálku mražené kukuřice.

Míchejte, dokud zelenina nezměkne, jen několik minut.

4. Vmíchejte směs sójové omáčky, 2 šálky nakrájeného ananasu, ½ šálku nakrájené šunky, 3 šálky vařené hnědé rýže a nakrájenou zelenou cibuli.

Vařte asi 2-3 minuty za častého míchání. Sloužit!

Informace o výživě:252 kalorií 12,8 g tuku 33 g celkových sacharidů 3 g bílkovin

Porce čočkové polévky: 2

Doba vaření: 30 minut

Ingredience:

2 mrkve, střední a nakrájené na kostičky

2 polévkové lžíce. Citronová šťáva, čerstvá

1 polévková lžíce. Kurkuma prášek

1/3 šálku čočky, vařené

1 polévková lžíce. Mandle, nasekané

1 řapíkatý celer, nakrájený na kostičky

1 svazek čerstvě nasekané petrželky

1 žlutá cibule, velká a nakrájená

Čerstvě namletý černý pepř

1 pastinák, střední a nakrájený

½ lžičky. Kmínový prášek

3 ½ šálku vody

½ lžičky. Růžová himalájská sůl

4 listy kapusty, nakrájené nahrubo

Pokyny:

1. Nejprve dejte mrkev, pastinák, jednu lžíci vody a cibuli do středně velkého hrnce na střední teplotu.

2. Zeleninovou směs vařte 5 minut za občasného míchání.

3. Dále do ní vmícháme čočku a koření. Dobře kombinujte.

4. Poté do hrnce nalijte vodu a přiveďte směs k varu.

5. Nyní snižte teplotu na minimum a nechte 20 vařit

minut.

6. Vypněte oheň a sundejte ze sporáku. Přidejte k ní kapustu, citronovou šťávu, petrželku a sůl.

7. Poté dobře míchejte, dokud se vše nespojí.

8. Posypte mandlemi a podávejte horké.

<u>Informace o výživě:</u>Kalorie: 242 kcal Bílkoviny: 10 g Sacharidy: 46 g Tuky: 4 g

Lahodný tuňákový salát Porce: 2

Doba vaření: 15 minut

Ingredience:

2 plechovky tuňáka zabalené ve vodě (každá 5 oz), scezené ¼ šálku majonézy

2 lžíce čerstvé bazalky, nasekané

1 lžíce citronové šťávy, čerstvě vymačkané

2 lžíce na ohni opečené červené papriky, nakrájené ¼ šálku kalamaty nebo rozmixovaných oliv, nakrájené

2 velká vyzrálá rajčata

1 lžíce kapary

2 lžíce červené cibule, nasekané

Pepř a sůl podle chuti

Pokyny:

1. Přidejte všechny položky (kromě rajčat) dohromady do velké mixovací nádoby; ingredience dobře promíchejte, dokud se dobře nespojí.

Rajčata nakrájejte na šestiny a poté je jemně rozevřete. Doprostřed naberte připravenou směs na salát s tuňákem; ihned podávejte a užívejte.

Informace o výživě:kcal 405 Tuky: 24 g Vláknina: 3,2 g Bílkoviny: 37 g

Aioli s vejci Porce: 12

Doba vaření: 0 minut

Ingredience:

2 žloutky

1 česnek, nastrouhaný

2 polévkové lžíce voda

½ šálku extra panenského olivového oleje

¼ šálku citronové šťávy, čerstvě vymačkané, s odstraněnými peckami ¼ lžičky. mořská sůl

Špetka prášku z kajenského pepře

Špetka bílého pepře, podle chuti

Pokyny:

1. Do mixéru nalijte česnek, žloutky, sůl a vodu; zpracujte do hladka. Pomalým proudem přilévejte olivový olej, dokud dresink nezemulguje.

2. Přidejte zbývající přísady. Chuť; v případě potřeby upravte koření.

Nalijte do vzduchotěsné nádoby; použijte podle potřeby.

Informace o výživě:Kalorie 100 Sacharidy: 1 g Tuky: 11 g Bílkoviny: 0 g

Těstoviny na špagety s bylinkovou houbovou omáčkou Ingredience:

200 gramů/6,3 oz kolem velké části balení pšeničných štíhlých špaget *

140 gramů očištěných nakrájených hub 12-15 kusů*

¼ šálku smetany

3 šálky mléka

2 lžíce olivového oleje na vaření navíc ke 2 lžičkám dalšího oleje nebo zkapalněného margarínu, aby bylo možné přidat 1,5 lžíce mouky

½ šálku nakrájené cibule

¼ až ½ šálku křupavě mletého parmazánového čedaru

Pár kousků tmavého pepře

Sůl podle chuti

2 lžičky sušeného nebo nového tymiánu *

Banda šifonových nových listů bazalky

Pokyny:

1. Těstoviny uvařte ještě trochu tuhé, jak je naznačeno na svazku.

2. Zatímco se těstoviny vaří, měli bychom začít připravovat omáčku.

3. Zahřejte 3 šálky mléka v mikrovlnné troubě po dobu 3 minut nebo na varné desce, dokud nebude dušené.

4. Současně rozehřejte 2 lžíce oleje v nepřilnavé nádobě na střední stupeň a vařte nakrájené houby. Vařte asi 2

minut.

5. Houby ze začátku vypustí trochu vody, pak se dlouhodobě odpaří a budou čerstvé.

6. Nyní zmírněte oheň na střední, přidejte cibuli a 1 chvíli opékejte.

7. Nyní přidejte 2 lžičky změklé pomazánky a přisypte mouku.

8. Míchejte 20 sekund.

9. Za stálého míchání zahrňte teplé mléko, aby vznikla hladká omáčka.

10. Když omáčka zhoustne, tj. jde k dušení, vypněte oheň.

11. Nyní přidejte ¼ šálku mletého parmazánového čedaru. Mixujte do hladka. Po dobu 30 sekund.

12. Nyní přidejte sůl, pepř a tymián.

13. Zkuste to. V případě potřeby upravte aroma.

14. Mezitím by měly těstoviny probublávat ještě trochu pevně.

15. Sceďte teplou vodu v cedníku. Nechte kohoutek otevřený a nalijte studenou vodu, abyste zastavili vaření, nalijte všechnu vodu a zalijte omáčkou.

16. Pokud nejíte rychle, nemíchejte těstoviny v omáčce. Těstoviny uchovávejte odděleně, zakryté olejem a zajištěné.

17. Podávejte teplé posypané parmazánem čedaru.

Cenit si!

Hnědá Rýže A Shitake Miso Polévka S Jarní cibulkou

Porce: 4

Doba vaření: 45 minut

Ingredience:

2 lžíce sezamového oleje

1 šálek kloboučků hub shiitake nakrájených na tenké plátky

1 stroužek česneku, nasekaný

1 (1½ palce) kousek čerstvého zázvoru, oloupaného a nakrájeného na plátky

1 šálek středněznné hnědé rýže

½ lžičky soli

1 lžíce bílé miso

2 jarní cibulky, nakrájené na tenké plátky

2 lžíce jemně nasekaného čerstvého koriandruPokyny:

1. Ve velkém hrnci rozehřejte olej na středně vysokou teplotu.

2. Přidejte houby, česnek a zázvor a restujte, dokud houby nezačnou měknout asi 5 minut.

3. Vložíme rýži a promícháme, aby se rovnoměrně obalila olejem. Přidejte 2 šálky vody a soli a vařte.

4. Vařte 30 až 40 minut. Použijte trochu polévkového vývaru ke změkčení miso a poté jej vmíchejte do hrnce, dokud se dobře nesmíchá.

5. Vmíchejte jarní cibulku a koriandr a podávejte.

Informace o výživě:Kalorie 265 Celkový tuk: 8 g Celkové sacharidy: 43 g Cukr: 2 g Vláknina: 3 g Bílkoviny: 5 g Sodík: 456 mg

Grilovaný pstruh s česnekem a petrželkou dresinkem

Porce: 8

Doba vaření: 25 minut

Ingredience:

3 ½ kilový kus filetu ze pstruha, nejlépe mořského pstruha, vykostěného, s kůží

4 stroužky česneku, nakrájené na tenké plátky

2 lžíce kapar, nahrubo nasekaných

½ šálku listové petrželky, čerstvé

1 červená chilli paprička, nejlépe dlouhá; nakrájené na tenké plátky 2 lžíce citronové šťávy, čerstvě vymačkané ½ šálku olivového oleje

Klínky citronu k podávání

Pokyny:

1. Pstruha potřete přibližně 2 lžícemi oleje; ujistěte se, že všechny strany jsou pěkně potažené. Předehřejte gril na vysokou teplotu, nejlépe se zavřeným krytem. Snižte teplo na střední; položte obalené pstruhy na

grilovací talíř, nejlépe stranou s kůží. Vařte, dokud se částečně neuvaří a zezlátne, několik minut. Opatrně otočte pstruhy; vařte do provaření po dobu 12 až 15 minut se zavřeným krytem. Přeneste filet na velký servírovací talíř.

2. Mezitím zahřejte zbylý olej; česnek na mírném ohni v malé pánvi, dokud se nezahřeje; česnek začne měnit barvu. Vyjměte, poté vmíchejte kapary, citronovou šťávu, chilli.

Pstruhy pokapejte připraveným dresinkem a poté posypte lístky čerstvé petrželky. Ihned podávejte s měsíčky čerstvého citronu, vychutnejte si.

Informace o výživě:kcal 170 Tuky: 30 g Vláknina: 2 g Bílkoviny: 37 g

Suroviny na kari květák a cizrnu:

1 čerstvý zázvor

2 stroužky česneku

1 plechovka cizrny

1 červená cibule

8 uncí květákové růžičky

1 lžička Garam masala

2 lžíce šípkového škrobu

1 citron

1 balení Cilantro Fresh

1/4 šálku veganského jogurtu

4 Zábaly

3 lžíce strouhaného kokosu

4 unce baby špenátu

1 lžíce rostlinného oleje

1 lžička soli a pepře podle chuti

Pokyny:

1. Předehřejte sporák na 400 °F (205 °C). Oloupeme a nasekáme 1 lžičku zázvoru. Nasekejte česnek. Nakrájejte a omyjte cizrnu. Červenou cibuli oloupeme a nakrájíme. Nakrájejte citron.

2. Nahřívací plát potřete 1 lžící rostlinného oleje. V obrovské misce dáme dohromady mletý zázvor, česnek, šťávu z velké části citronu, cizrnu, nakrájenou červenou cibuli, růžičky květáku, garam masalu, marantový škrob a 1/2 lžičky soli. Přesuňte se na přípravný list a jídlo v brojleru, dokud květák není jemný a místy orestovaný, asi 20 až 25 minut.

3. Rozsekejte lístky koriandru a jemné stonky. V malé misce rozšlehejte koriandr, jogurt, 1 lžíci citronové šťávy a špetku soli a pepře.

4. Přiložte obaly fólií a vložte je na sporák, aby se asi 3 až 4 minuty zahřály.

5. Umístěte malou nepřilnavou pánev na střední teplotu a vložte do ní zničený kokos. Toast, obvykle protřepávejte pokrm, dokud nebude chutně uvařený, asi 2 až 3 minuty.

6. Mezi teplými zábaly rozdělte kojenecký špenát a vařenou zeleninu. Položte květákové cizrnové zábaly na obrovské talíře a potřete koriandrovou omáčkou. Posypte opečeným kokosem

Porce pohankové nudlové polévky: 4

Doba vaření: 25 minut

Ingredience:

2 šálky Bok Choy, nasekané

3 polévkové lžíce. Tamari

3 svazky pohankových nudlí

2 šálky fazolí Edamame

7 uncí Houby Shiitake, nakrájené

4 šálky vody

1 lžička Zázvor, strouhaný

Špetka soli

1 stroužek česneku, nastrouhaný

Pokyny:

1. Nejprve dejte vodu, zázvor, sójovou omáčku a česnek do středně velkého hrnce na střední teplotu.

2. Směs zázvorovo-sójové omáčky přiveďte k varu a poté do ní vmíchejte edamame a shiitake.

3. Pokračujte ve vaření dalších 7 minut nebo do změknutí.

4. Dále uvařte soba nudle podle pokynů: uvedených v balíčku, dokud nebudou uvařené. Dobře omyjte a nechte okapat.

5. Nyní přidejte bok choy do směsi shiitake a vařte další minutu nebo dokud bok choy nezvadne.

6. Nakonec rozdělte soba nudle do servírovacích misek a naplňte je houbovou směsí.

Informace o výživě:Kalorie: 234 kcal Bílkoviny: 14,2 g Sacharidy: 35,1 g Tuky: 4 g

Snadné porce lososového salátu: 1

Doba vaření: 0 minut

Ingredience:

1 šálek bio rukoly

1 konzerva volně uloveného lososa

½ avokáda, nakrájené na plátky

1 lžíce olivového oleje

1 lžička dijonské hořčice

1 lžička mořské soli

Pokyny:

1. Začněte tím, že v míse šleháte olivový olej, dijonskou hořčici a mořskou sůl, abyste vytvořili dresink. Dát stranou.

2. Salát sestavte s rukolou jako základem a navrch dejte lososa a nakrájené avokádo.

3. Pokapeme zálivkou.

<u>Informace o výživě:</u>Celkový obsah sacharidů 7 g Vláknina: 5 g Bílkoviny: 48 g Celkový obsah tuků: 37 g Kalorie: 553

Porce zeleninové polévky: 4

Doba vaření: 40 minut

Ingredience:

1 polévková lžíce. Kokosový olej

2 šálky kapusty, nakrájené

2 řapíkatý celer, nakrájený na kostičky

½ z 15 oz. plechovka bílých fazolí, okapaná a opláchnutá 1 cibule, velká a nakrájená na kostičky

¼ lžičky Černý pepř

1 mrkev, střední a nakrájená na kostičky

2 šálky květáku, nakrájeného na růžičky

1 lžička Kurkuma, uzemněná

1 lžička Mořská sůl

3 stroužky česneku, mleté

6 šálků zeleninového vývaru

Pokyny:

1. Nejprve zahřejte olej ve velkém hrnci na středně nízkou teplotu.

2. Do hrnce vmícháme cibuli a restujeme ji 5 minut nebo do změknutí.

3. Vložte mrkev s celerem do hrnce a pokračujte ve vaření další 4 minuty nebo dokud zelenina nezměkne.

4. Nyní do směsi po lžících přidejte kurkumu, česnek a zázvor. Dobře promíchejte.

5. Zeleninovou směs vařte 1 minutu nebo dokud nebude voňavá.

6. Poté zalijte zeleninovým vývarem spolu se solí a pepřem a směs přiveďte k varu.

7. Jakmile se začne vařit, přidejte květák. Snižte plamen a zeleninovou směs vařte 13 až 15 minut nebo dokud květák nezměkne.

8. Nakonec přidejte fazole a kapustu – vařte do 2 minut.

9. Podávejte horké.

Informace o výživě:Kalorie 192 kcal Bílkoviny: 12,6 g Sacharidy: 24,6 g Tuky: 6,4 g

Citronové česnekové krevety porce: 4

Doba vaření: 15 minut

Ingredience:

1 a ¼ libry krevet, vařené nebo dušené

3 lžíce česneku, mletého

¼ šálku citronové šťávy

2 lžíce olivového oleje

¼ šálku petrželky

Pokyny:

1. Vezměte malou pánev a umístěte ji na střední oheň, přidejte česnek a olej a vařte 1 minutu.

2. Přidejte petržel, citronovou šťávu a dochuťte solí a pepřem.

3. Přidejte krevety do velké mísy a přeneste směs z pánve na krevety.

4. Vychlaďte a podávejte.

Informace o výživě:Kalorie: 130 Tuky: 3 g Sacharidy: 2 g Bílkoviny: 22 g

Ingredience Blt Spring Rolls:

nový salát, natrhané kousky nebo nakrájené

řezy avokáda, podle uvážení

SEZAMOVO-SOJOVÁ OMÁČKA NA MÁČENÍ

1/4 šálku sójové omáčky

1/4 šálku studené vody

1 polévková lžíce majonézy (nepovinné, díky tomu bude ponor sametový)

1 lžička nové limetkové šťávy

1 lžička sezamového oleje

1 lžička sriracha omáčky nebo jakékoli pálivé omáčky (dle uvážení)Pokyny:

1. střední rajče (se semínkami a nakrájené na tloušťku 1/4") 2. kousky slaniny, vařené

3. nová bazalka, máta nebo různé bylinky

4. rýžový papír

Porce hrudí s modrým sýrem: 6

Doba vaření: 8 hodin. 10 minut

Ingredience:

1 šálek vody

1/2 lžičky česnekové pasty

1/4 šálku sójové omáčky

1 ½ lb. hovězí hrudí v nakuku

1/3 lžičky mletého koriandru

1/4 lžičky hřebíčku, mletého

1 lžíce olivového oleje

1 šalotka, nakrájená

2 unce modrý sýr, rozdrobený

Sprej na vaření

Pokyny:

1. Umístěte pánev na mírný oheň a přidejte olej, aby se zahřál.

2. Vhoďte šalotku a zamíchejte a vařte 5 minut.

3. Vmíchejte česnekovou pastu a vařte 1 minutu.

4. Přemístěte do pomalého hrnce namazaného sprejem na vaření.

5. Vložte hrudí do stejné pánve a opečte je z obou stran dozlatova.

6. Hovězí maso přendejte do pomalého hrnce spolu s ostatními přísadami kromě sýra.

7. Přiklopte poklicí a vařte 8 hodin. na nízké teplotě.

8. Ozdobte sýrem a podávejte.

<u>Informace o výživě:</u>Kalorie 397, Bílkoviny 23,5 g, Tuky 31,4 g, Sacharidy 3,9 g, Vláknina 0 g

Studená Soba s přísadami na dresing Miso:

6oz pohankové nudle Soba

1/2 šálku zničené mrkve

1 šálek ztuženého eidamu ve skořápce, rozmraženého 2 perské okurky, nakrájené

1 šálek nasekaného koriandru

1/4 šálku sezamových semínek

2 lžíce tmavých sezamových semínek

Bílý miso dresing (na 2 šálky)

2/3 šálku bílého miso lepidla

Šťáva ze 2 středně velkých citronů

4 lžíce rýžového octa

4 lžíce panenského olivového oleje navíc

4 lžíce vymačkaného pomeranče

2 lžíce nového mletého zázvoru

2 lžíce javorového sirupu

Pokyny:

1. Soba nudle uvařte podle pokynů v balení (dejte pozor, abyste je nepřevařili, jinak se lepí a zůstanou pohromadě). Dobře nasměrujte a přesuňte se do obrovské misky 2. Zahrňte zničenou mrkev, eidam, okurku, koriandr a sezamová semínka

3. Chcete-li připravit obvaz, zpevněte každý z upevnění v mixéru. Mixujte do hladka

4. Nalijte požadované množství dresinku na nudle (použili jsme asi šálek a půl)

Zapečené kousky buvolího květáku Porce: 2

Doba vaření: 35 minut

Ingredience:

¼ šálku vody

¼ šálku banánové mouky

Špetka soli a pepře

1 ks středního květáku nakrájeného na kousky ½ šálku horké omáčky

2 lžíce másla, rozpuštěné

Dresink z modrého sýra nebo ranče (volitelné)

Pokyny:

1. Předehřejte troubu na 425 °F. Mezitím vyložte pekáč alobalem.

2. Smíchejte vodu, mouku a špetku soli a pepře ve velké míse.

3. Dobře promíchejte, dokud se důkladně nespojí.

4. Přidejte květák; hodit, aby se srst důkladně.

5. Směs přendejte do pekáče. Pečte 15 minut, jednou otočte.

6. Během pečení smíchejte v malé misce horkou omáčku a máslo.

7. Upečený květák přelijeme omáčkou.

8. Upečený květák vraťte do trouby a pečte dále 20

minut.

9. Ihned podávejte s rančovým dresinkem na boku, je-li to žádoucí.

Informace o výživě:Kalorie: 168 cal Tuky: 5,6 g Bílkoviny: 8,4 g Sacharidy: 23,8 g Vláknina: 2,8 g

Česnekové kuře zapečené s bazalkou a rajčaty

Porce: 4

Doba vaření: 30 minut

Ingredience:

½ středně žluté cibule

2 lžíce olivového oleje

3 stroužky mletého česneku

1 šálek bazalky (volně nakrájené)

1,lb Kuřecí prsa bez kosti

14,5 uncí italských sekaných rajčat

Sůl pepř

4 střední cukety (spiralizované na nudle) 1 lžíce drcené červené papriky

2 lžíce olivového oleje

Pokyny:

1. Kuřecí kousky rozdrťte pánví pro rychlé vaření. Kuřecí kousky posypte solí, pepřem a olejem a obě strany kuřete rovnoměrně marinujte.

2. Kuřecí kousky opékejte na velké rozpálené pánvi 2–3 minuty z každé strany.

3. Na stejné pánvi orestujte cibuli, dokud není hnědá. Přidejte do něj rajčata, listy bazalky a česnek.

4. Vařte 3 minuty a přidejte na pánev všechno koření a kuřecí maso.

5. Podávejte na talíř spolu s pikantními zoodle.

Informace o výživě:Kalorie 44 Sacharidy: 7 g Tuky: 0 g Bílkoviny: 2 g

Krémová kurkumová květáková polévka Porce: 4

Doba vaření: 15 minut

Ingredience:

2 lžíce extra panenského olivového oleje

1 pórek, pouze bílá část, nakrájený na tenké plátky

3 šálky růžičky květáku

1 stroužek česneku, oloupaný

1 (1¼-palcový) kousek čerstvého zázvoru, oloupaný a nakrájený na plátky 1½ lžičky kurkumy

½ lžičky soli

¼ lžičky čerstvě mletého černého pepře

¼ lžičky mletého kmínu

3 hrnky zeleninového vývaru

1 hrnek plnotučného: kokosové mléko

¼ šálku jemně nasekaného čerstvého koriandru

Pokyny:

1. Ve velkém hrnci rozehřejte olej na vysokou teplotu.

2. Pórek osmahněte během 3 až 4 minut.

3. Vložíme květák, česnek, zázvor, kurkumu, sůl, pepř a kmín a restujeme 1 až 2 minuty.

4. Přilijte vývar a vařte.

5. Vařte do 5 minut.

6. Polévku rozmixujte ponorným mixérem do hladka.

7. Vmíchejte kokosové mléko a koriandr, prohřejte a podávejte.

Informace o výživě:Kalorie 264 Celkový tuk: 23 g Celkové sacharidy: 12 g Cukr: 5 g Vláknina: 4 g Bílkoviny: 7 g Sodík: 900 mg

Houby, Kapusta A Sladké Brambory Hnědá Rýže

Porce: 4

Doba vaření: 50 minut

Ingredience:

¼ šálku extra panenského olivového oleje

4 šálky nahrubo nasekaných listů kapusty

2 pórky, pouze bílé části, nakrájené na tenké plátky

1 šálek nakrájených hub

2 stroužky česneku, nasekané

2 šálky oloupaných sladkých brambor nakrájených na ½-palcové kostky 1 šálek hnědé rýže

2 hrnky zeleninového vývaru

1 lžička soli

¼ lžičky čerstvě mletého černého pepře

¼ šálku čerstvě vymačkané citronové šťávy

2 lžíce najemno nasekané čerstvé plocholisté petrželkyPokyny:

1. Zahřejte olej na vysokou teplotu.

2. Přidejte kapustu, pórek, houby a česnek a restujte do měkka, asi 5 minut.

3. Přidejte batáty a rýži a restujte asi 3 minuty.

4. Přidejte vývar, sůl a pepř a provařte. Vařte do 30 až 40 minut.

5. Smíchejte citronovou šťávu a petrželku a podávejte.

Informace o výživě:Kalorie 425 Tuky: 15 g Celkové sacharidy: 65 g Cukr: 6 g Vláknina: 6 g Bílkoviny: 11 g Sodík: 1045 mg

Pečená tilapie recept s pekanovou rozmarýnovou polevou

Porce: 4

Doba vaření: 20 minut

Ingredience:

4 filety tilapie (každý 4 unce)

½ lžičky hnědého cukru nebo kokosového palmového cukru 2 lžičky čerstvého rozmarýnu, nasekaného

1/3 šálku syrových pekanových ořechů, nasekaných

Špetka kajenského pepře

1 ½ lžičky olivového oleje

1 velký bílek

1/8 lžičky soli

1/3 šálku panko strouhanky, nejlépe celozrnnéPokyny:

1. Zahřejte troubu na 350 F.

2. V malé zapékací misce promíchejte pekanové ořechy se strouhankou, kokosovým palmovým cukrem, rozmarýnem, kajenským pepřem a solí. Přidejte olivový olej; hození.

3. Pečte během 7 až 8 minut, dokud směs nezíská světle zlatohnědou barvu.

4. Nastavte teplotu na 400 F a potřete velkou skleněnou zapékací mísu trochou spreje na vaření.

5. V mělké misce ušlehejte bílek. Práce v dávkách; ponořte rybu (jedna tilapie po druhé) do vaječného bílku a poté lehce potřete pekanovou směsí. Obalené filety vložíme do pekáče.

6. Zbylou pekanovou směs přitlačte na filety tilapie.

7. Pečte během 8 až 10 minut. Okamžitě podávejte a užívejte.

Informace o výživě:kcal 222 Tuky: 10 g Vláknina: 2 g Bílkoviny: 27 g

Porce tortilly z černých fazolí: 2

Doba vaření: 0 minut

Ingredience:

¼ šálku kukuřice

1 hrst čerstvé bazalky

½ šálku rukoly

1 polévková lžíce nutričního droždí

¼ šálku konzervovaných černých fazolí

1 broskev, nakrájená na plátky

1 lžička limetkové šťávy

2 bezlepkové tortilly

Pokyny:

1. Mezi dvě tortilly rozdělte fazole, kukuřici, rukolu a broskve.

2. Naplňte každou tortillu polovinou čerstvé bazalky a limetkovou šťávouInformace o výživě:Celkový obsah sacharidů 44 g Vláknina: 7 g Bílkoviny: 8 g Celkový obsah tuku: 1 g Kalorie: 203

Bílé Fazolové Kuře Se Zimní Zelenou Zeleninou

Porce: 8

Doba vaření: 45 minut

Ingredience:

4 stroužky česneku

1 lžíce olivového oleje

3 střední pastinák

1 kg Malé kostky kuřete

1 lžička kmínového prášku

2 úniky a 1 zelená část

2 mrkve (nakrájené na kostičky)

1 ¼ bílé fazole (namočené přes noc)

½ lžičky sušeného oregana

2 lžičky košer soli

Listy koriandru

1 1/2 lžíce mletých ancho chilli

Pokyny:

1. Česnek, pórek, kuřecí maso a olivový olej vařte ve velkém hrnci na středním plameni 5 minut.

2. Nyní přidejte mrkev a pastinák a po 2 minutách míchání přidejte všechny kořenící přísady.

3. Míchejte, dokud z něj nezačne vycházet vůně.

4. Nyní do hrnce přidejte fazole a 5 šálků vody.

5. Přiveďte k varu a snižte plamen.

6. Nechte provařit téměř 30 minut a ozdobte petrželkou a lístky koriandru.

Informace o výživě:Kalorie 263 Sacharidy: 24 g Tuky: 7 g Bílkoviny: 26 g

Bylinkové porce pečeného lososa: 2

Doba vaření: 15 minut

Ingredience:

10 oz Filet z lososa

1 lžička Olivový olej

1 lžička Miláček

1 lžička Estragon, čerstvý

1/8 lžičky. Sůl

2 lžičky Dijonská hořčice

¼ lžičky Tymián, sušený

¼ lžičky Oregano, sušené

Pokyny:

1. Předehřejte troubu na 425 °F.

2. Poté smíchejte všechny ingredience, kromě lososa, ve středně velké misce.

3. Nyní tuto směs rovnoměrně nanášejte na lososa.

4. Poté lososa položte kůží dolů na plech vyložený pečicím papírem.

5. Nakonec pečte 8 minut, nebo dokud se ryba neloupe.

Informace o výživě:Kalorie: 239 kcal Bílkoviny: 31 g Sacharidy: 3 g Tuky: 11 g

Řecký jogurtový kuřecí salát

Ingredience:

Nakrájené kuře

Zelené jablko

červená cibule

Celer

Sušené brusinky

Pokyny:

1. Kuřecí porce s řeckým jogurtem se zeleninou je tak mimořádnou myšlenkou na přípravu večeře. Můžete ho umístit do řemeslné nádoby a jíst jen to, nebo jej můžete zabalit do super přihrádky na přípravu s větším množstvím zeleniny, chipsů a tak dále. Zde je několik doporučení pro podávání.

2. Na troše toastu

3. V tortille s hlávkovým salátem

4. S chipsy nebo slanými tyčinkami

5. V troše ledového salátu (volba s nízkým obsahem sacharidů!)

Salát z mleté cizrny

Ingredience:

1 avokádo

1/2 křupavého citronu

1 konzerva ochuzené cizrny (19 oz)

1/4 šálku nakrájené červené cibule

2 šálky nakrájených hroznových rajčat

2 šálky nakrájené okurky

1/2 šálku křupavé petrželky

3/4 šálku nakrájené zelené papriky

Obvaz

1/4 šálku olivového oleje

2 lžíce červeného vinného octa

1/2 lžičky kmínu

sůl a pepř

Pokyny:

1. Avokádo nakrájejte na 3D čtverečky a vložte do misky. Na avokádo vytlačte šťávu z 1/2 citronu a jemně promíchejte, aby se zpevnila.

2. Přidejte zbývající porci smíchaných zelených ingrediencí a jemně je přimíchejte.

3. Hodinu před podáváním ochlaďte libovolnou rychlostí.

Salát z Valencie: 10

Doba vaření: 0 minut

Ingredience:

1 lžička Olivy Kalamata v oleji, vypeckované, lehce okapané, rozpůlené, zbavené julienu

1 hlava, malý římský salát, opláchnutý, sušený odstředěním, nakrájený na kousky

½ kusu, malá šalotka, julienned

1 lžička dijonská hořčice

½ malé satsumy nebo mandarinky, pouze dužina

1 lžička bílý vinný ocet

1 lžička extra panenský olivový olej

1 špetka čerstvého tymiánu, mletého

Špetka mořské soli

Špetka černého pepře, podle chuti

Pokyny:

1. Pokud používáte ocet, olej, čerstvý tymián, sůl, hořčici, černý pepř a med. Dobře prošlehejte, dokud dresink trochu nezemulguje.

2. Do salátové mísy smíchejte zbývající ingredience na salát.

3. Před podáváním pokapejte dresink. Ihned podávejte s 1 plátkem kváskového chleba nebo slaného chleba bez cukru.

Informace o výživě:Kalorie 238 Sacharidy: 23 g Tuky: 15 g Bílkoviny: 8 g

Porce polévky „Snězte zelení": 4

Doba vaření: 20 minut

Ingredience:

¼ šálku extra panenského olivového oleje

2 pórky, pouze bílé části, nakrájené na tenké plátky

1 cibule fenyklu, oříznutá a nakrájená na tenké plátky

1 stroužek česneku, oloupaný

1 svazek švýcarského mangoldu, nahrubo nasekaný

4 šálky nahrubo nasekané kapusty

4 šálky hrubě nasekané zelené hořčice

3 hrnky zeleninového vývaru

2 lžíce jablečného octa

1 lžička soli

¼ lžičky čerstvě mletého černého pepře

¼ šálku nakrájených kešu oříšků (volitelně)

Pokyny:

1. Ve velkém hrnci rozehřejte olej na vysokou teplotu.

2. Přidejte pórek, fenykl a česnek a restujte do změknutí asi 5 minut.

3. Přidejte švýcarský mangold, kapustu a hořčici a restujte, dokud zelí nezvadne, 2 až 3 minuty.

4. Přilijte vývar a provařte.

5. Vařte do 5 minut.

6. Vmíchejte ocet, sůl, pepř a kešu ořechy (pokud je používáte).

7. Polévku rozmixujte ponorným mixérem do hladka a podávejte.

<u>Informace o výživě:</u>Kalorie 238 Celkový tuk: 14 g Celkové sacharidy: 22 g Cukr: 4 g Vláknina: 6 g Bílkoviny: 9 g Sodík: 1294 mg

Miso porce lososa a zelených fazolek: 4

Doba vaření: 25 minut

Ingredience:

1 lžíce sezamového oleje

1 libra zelených fazolí, nakrájená

1 libra filetů lososa s kůží, nakrájená na 4 steaky ¼ šálku bílého miso

2 lžičky bezlepkové tamari nebo sójové omáčky 2 jarní cibulky, nakrájené na tenké plátky

Pokyny:

1. Předehřejte troubu na 400 °F. Plech na pečení vymažte olejem.

2. Na zelené fazolky dejte zelené fazolky, potom lososa a každý kousek potřete miso.

3. Pečte během 20 až 25 minut.

4. Pokapejte tamari, posypte jarní cibulkou a podávejte.

Informace o výživě:Kalorie 213 Celkový tuk: 7 g Celkové sacharidy: 13 g Cukr: 3 g Vláknina: 5 g Bílkoviny: 27 g Sodík: 989 mg

Porce pórkové, kuřecí a špenátové polévky: 4

Doba vaření: 15 minut

Ingredience:

3 lžíce nesoleného másla

2 pórky, pouze bílé části, nakrájené na tenké plátky

4 šálky baby špenátu

4 šálky kuřecího vývaru

1 lžička soli

¼ lžičky čerstvě mletého černého pepře

2 šálky nakrájeného kuřete na grilu

1 polévková lžíce najemno nakrájené čerstvé pažitky

2 lžičky nastrouhané nebo mleté citronové kůry

Pokyny:

1. Ve velkém hrnci na prudkém ohni rozpusťte máslo.

2. Přidejte pórek a restujte, dokud nezměkne a nezačne hnědnout, 3

do 5 minut.

3. Přidejte špenát, vývar, sůl, pepř a provařte.

4. Vařte během 1 až 2 minut.

5. Vložte kuře a vařte během 1 až 2 minut.

6. Posypte pažitkou a citronovou kůrou a podávejte.

<u>Informace o výživě:</u>Kalorie 256 Celkový tuk: 12 g Celkové sacharidy: 9 g Cukr: 3 g Vláknina: 2 g Bílkoviny: 27 g Sodík: 1483 mg

Dark Choco Bombs Porce: 24

Doba vaření: 5 minut

Ingredience:

1 šálek husté smetany

1 šálek změklého smetanového sýra

1 lžička vanilkové esence

1/2 šálku tmavé čokolády

2 unce Stévie

Pokyny:

1. Rozpusťte čokoládu v misce zahřátím v mikrovlnné troubě.

2. Zbytek ingrediencí vyšleháme v mixéru do nadýchané hmoty a poté vmícháme rozpuštěnou čokoládu.

3. Dobře promíchejte a poté směs rozdělte na plech na muffiny vyložený košíčky na muffiny.

4. Dejte na 3 hodiny do lednice.

5. Podávejte.

Informace o výživě: Kalorie 97 Tuk 5 g, Sacharidy 1 g, Bílkoviny 1 g, Vláknina 0 g

Porce italské plněné papriky: 6

Doba vaření: 40 minut

Ingredience:

1 lžička česnekového prášku

1/2 šálku mozzarelly, nastrouhané

1 lb libového mletého masa

1/2 šálku parmazánu

3 papriky, rozkrojené podélně na poloviny, zbavené stopek, semínek a žeber

1 (10 oz.) balení mraženého špenátu

2 šálky marinarové omáčky

1/2 lžičky soli

1 lžička italského koření

Pokyny:

1. Plech vyložený pečicím papírem potřete nepřilnavým sprejem. Papriky položte na pekáč.

2. Přidejte krůtu na nepřilnavou pánev a vařte na středním plameni, dokud nebude růžová.

3. Když jsou téměř uvařené, přidejte 2 šálky omáčky marinara a koření – vařte asi 8–10 minut.

4. Přidejte špenát spolu s 1/2 šálku parmazánu. Míchejte, dokud se dobře nespojí.

5. Přidejte půl šálku masové směsi do každé papriky a rozdělte sýr mezi všechny – předehřejte troubu na 450 F.

6. Papriky pečte asi 25-30 minut. Vychladíme a podáváme.

Informace o výživě:150 kalorií 2 g tuku 11 g celkových sacharidů 20 g bílkovin

Uzený pstruh zabalený v salátu Porce: 4

Doba vaření: 45 minut

Ingredience:

¼ šálku opečených brambor

1 šálek hroznových rajčat

½ šálku lístků bazalky

16 malých a středně velkých listů salátu

1/3 šálku asijské sladké chilli

2 mrkve

1/3 šálku šalotky (nakrájené na tenké plátky)

¼ šálku tenkého plátku Jalapenos

1 lžíce cukru

2-4,5 unce uzeného pstruha bez kůže

2 lžíce čerstvé limetkové šťávy

1 okurka

Pokyny:

1. Mrkev a okurku nakrájejte na tenké proužky.

2. Tuto zeleninu marinujte 20 minut s cukrem, rybí omáčkou, limetkovou šťávou, šalotkou a jalapeno.

3. Do této zeleninové směsi přidejte kousky pstruha a další bylinky a promíchejte.

4. Ze směsi zeleniny a pstruha sceďte vodu a znovu ji promíchejte.

5. Na talíř položíme listy salátu a přeneseme na ně salát ze pstruha.

6. Tento salát ozdobte arašídy a chilli omáčkou.

Informace o výživě:Kalorie 180 Sacharidy: 0 g Tuky: 12 g Bílkoviny: 18 g

Ingredience na salát z devilovaných vajec:

12 obrovských vajec

1/4 šálku nakrájené zelené cibule

1/2 šálku nakrájeného celeru

1/2 šálku nakrájené červené papriky

2 lžíce dijonské hořčice

1/3 šálku majonézy

1 lžíce džusu, bílého vína nebo sherry octa 1/4 lžičky Tabasca nebo jiné pálivé omáčky (více podle chuti) 1/2 lžičky papriky (celkem podle chuti) 1/2 lžičky tmavého pepře (celkem podle chuti) 1/4 lžička soli (více podle chuti)

Pokyny:

1. Vejce ohřejte natvrdo: Nejjednodušší metodou, jak vyrobit tvrdá bublaná vejce, která se dají všechno, jen ne obtížně se svlékat, je uvařit je v páře.

Naplňte pánev 1 palcem vody a přidejte parní hrnec. (Pro případ, že nemáte pařák, to je v pořádku.) 2. Zahřejte vodu k bodu varu, opatrně vložte vejce do napařovací přihrádky nebo rovnou na pánev. Hrnec rozprostřete. Nastavte si hodiny na 15 minut. Vejce evakuujte a vložte do chladné virové vody, aby vychladla.

3. Příprava vajec a zeleniny: Vejce nakrájejte nahrubo a dejte do velké mísy. Přidejte zelenou cibuli, celer a červenou papriku.

4. Připravte talíř ze smíšené zeleniny: V malé misce smíchejte majonézu, hořčici, ocet a Tabasco. V míse s vejci a zeleninou jemně promíchejte majonézu. Přidejte papriku a sůl a tmavý pepř. Změňte koření podle chuti.

Sezamovo-tamari pečené kuře se zelenými fazolkami

Porce: 4

Doba vaření: 45 minut

Ingredience:

1 libra zelených fazolí, nakrájená

4 kuřecí prsa bez kosti a kůže

2 lžíce medu

1 lžíce sezamového oleje

1 lžíce bezlepkové tamari nebo sójové omáčky 1 šálek kuřecího nebo zeleninového vývaru

Pokyny:

1. Předehřejte troubu na 400 °F.

2. Rozložte zelené fazolky na velký pečicí plech s okrajem.

3. Kuře položte kůží nahoru na fazole.

4. Pokapejte medem, olejem a tamari. Přidejte vývar.

5. Pečte do 35 až 40 minut. Vyjmeme, necháme 5 minut odležet a podáváme.

<u>Informace o výživě</u>:Kalorie 378 Celkový tuk: 10 g Celkové sacharidy: 19 g Cukr: 10 g Vláknina: 4 g Bílkoviny: 54 g Sodík: 336 mg

Porce zázvorového kuřecího guláše: 6

Doba vaření: 20 minut

Ingredience:

¼ šálku kuřecího stehenního řízku, nakrájeného na kostičky

¼ šálku vařených vaječných nudlí

1 nezralá papája, oloupaná, nakrájená na kostičky

1 šálek kuřecího vývaru, s nízkým obsahem sodíku, s nízkým obsahem tuku

1 medailonek zázvor, oloupaný, drcený

pomlčka cibulový prášek

rozdrťte česnekový prášek, podle potřeby přidejte více

1 šálek vody

1 lžička rybí omáčka

špetka bílého pepře

1-kus, malé chilli z ptačího oka, mleté

Pokyny:

1. Veškerou fixaci vložte do velké holandské trouby nastavené na vysokou teplotu. Vařit.

Snižte teplotu na nejnižší stupeň. Nasaďte víko.

2. Nechte guláš vařit 20 minut nebo dokud papája nezměkne.

Vypněte teplo. Konzumujte tak, jak je, nebo s ½ šálkem vařené rýže. Podávejte teplé.

<u>Informace o výživě:</u>Kalorie 273 Sacharidy: 15 g Tuky: 9 g Bílkoviny: 33 g

Ingredience na smetanový salát Garbano:

Talíř smíšené zeleniny

2 14 oz sklenice cizrny

3/4 šálku mrkvových šejkrů

3/4 šálku celerových malých šejkrů

3/4 šálku Bell Pepper Malé šejkry

1 cihel hacknutý

1/4 šálku malých šejkrů z červené cibule

1/2 velkého avokáda

6 uncí hladkého tofu

1 PL jablečného octa

1 PL citrónové šťávy

1 PL dijonské hořčice

1 PL sladkého dochucení

1/4 lžičky uzené papriky

1/4 lžičky celerových semínek

1/4 lžičky černého pepře

1/4 lžičky hořčičného prášku

Oceánská sůl podle chuti

Sandwich Fix'ns

Pěstovaný celozrnný chléb

Nakrájená romská rajčata

Rozložte salát

Pokyny:

1. Připravte se a nakrájejte mrkev, celer, papriku, červenou cibuli a jarní cibulku a vložte do malé mixovací nádoby. Umístěte na bezpečné místo.

2. Pomocí ponorného mixéru nebo výživného robota rozmixujte avokádo, tofu, ocet z jablečné šťávy, citronovou šťávu a hořčici do hladka.

3. Sceďte a omyjte garbanzos a umístěte je do střední mixovací nádoby. Mačkadlem na brambory nebo vidličkou rozmačkáme fazole, dokud se většina neoddělí a začne se ubírat po talíři s rybí směsí zeleniny. Nepotřebujete, aby byl hladký, jakkoli hotový a pevný. Fazole osolte a opepřete.

4. Přidejte nakrájenou zeleninu, smetanu z avokáda a tofu a zbytek chutí a dobře vychutnejte a promíchejte. Ochutnejte a obměňujte podle svého sklonu.

Mrkvové nudle se zázvorovou limetkovou arašídovou omáčkou

Ingredience:

Na mrkvové těstoviny:

5 velkých mrkví, oloupaných a nakrájených nebo stočených na tenké nudličky 1/3 šálku (50 g) vařených kešu ořechů

2 polévkové lžíce nového koriandru, jemně nasekaného

Na zázvorovo-arašídovou omáčku:

2 lžíce bohaté ořechové pomazánky

4 lžíce obyčejného kokosového mléka

Vymačkejte kajenský pepř

2 velké stroužky česneku, jemně nasekané

1 lžíce nového zázvoru, zbaveného a mletého 1 lžíce limetkové šťávy

Sůl, podle chuti

Pokyny:

1. Konsolidujte všechny ingredience omáčky v malé misce a spojte, dokud nebudou hladké a bohaté a dejte na bezpečné místo, zatímco budete julienne/spiralizovat mrkev.

2. V obrovské servírovací misce jemně promíchejte mrkev a omáčku, dokud nebudou rovnoměrně pokryty. Navrch dejte opečené kešu oříšky (nebo arašídy) a nově nasekaný koriandr.

Pečená zelenina se sladkými bramborami a bílými fazolemi

Porce: 4

Doba vaření: 25 minut

Ingredience:

2 malé sladké brambory, kostky

½ červené cibule, nakrájené na ¼-palcové kostičky

1 střední mrkev, oloupaná a nakrájená na tenké plátky

4 unce zelených fazolek, ořezané

¼ šálku extra panenského olivového oleje

1 lžička soli

¼ lžičky čerstvě mletého černého pepře

1 (15½ unce) plechovka bílých fazolí, scezené a opláchnuté 1 polévková lžíce mleté nebo nastrouhané citronové kůry

1 lžíce nasekaného čerstvého kopru

Pokyny:

1. Předehřejte troubu na 400 °F.

2. Spojte batáty, cibuli, mrkev, zelené fazolky, olej, sůl a pepř na velkém pečicím plechu s okrajem a promíchejte, aby se dobře spojily. Uspořádejte v jedné vrstvě.

3. Restujte, dokud zelenina nezměkne, 20 až 25 minut.

4. Přidejte bílé fazole, citronovou kůru a kopr, dobře promíchejte a podávejte.

Informace o výživě:Kalorie 315 Celkový tuk: 13 g Celkové sacharidy: 42 g Cukr: 5 g Vláknina: 13 g Bílkoviny: 10 g Sodík: 632 mg

Porce kapustového salátu: 1

Doba vaření: 0 minut

Ingredience:

1 šálek čerstvé kapusty

½ šálku borůvek

½ šálku vypeckovaných třešní rozpůlených

¼ šálku sušených brusinek

1 lžíce sezamových semínek

2 lžíce olivového oleje

Šťáva z 1 citronu

Pokyny:

1. Smíchejte olivový olej a citronovou šťávu, pak do dresingu přidejte kapustu.

2. Listy kapusty dejte do salátové mísy a navrch dejte čerstvé borůvky, třešně a brusinky.

3. Posypte sezamovými semínky.

Informace o výživě:Celkový obsah sacharidů 48 g Vláknina: 7 g Bílkoviny: 6 g Celkový obsah tuků: 33 g Kalorie: 477

Vychlazené skleněné porce z kokosu a lískových oříšků: 1

Doba vaření: 0 minut

Ingredience:

½ šálku kokosového mandlového mléka

¼ šálku lískových ořechů, nasekaných

1 a ½ šálku vody

1 balení stévie

Pokyny:

1. Přidejte uvedené ingredience do mixéru

2. Mixujte, dokud nezískáte hladkou a krémovou texturu. 3. Podávejte vychlazené a užívejte si!

Informace o výživě:Kalorie: 457 Tuky: 46 g Sacharidy: 12 g Bílkoviny: 7 g

Skvělé porce Garbanza a špenátových fazolí: 4

Doba vaření: 0 minut

Ingredience:

1 lžíce olivového oleje

½ cibule, nakrájená na kostičky

10 uncí špenátu, nakrájeného

12 uncí garbanzo fazolí

½ lžičky kmínu

Pokyny:

1. Vezměte pánev a přidejte olivový olej, nechte ho rozehřát na středně mírném ohni 2. Přidejte cibuli, garbanzo a opékejte 5 minut 3. Vmíchejte špenát, kmín, garbanzo fazole a dochuťte solí 4. Lžící rozdrťte jemně

5. Důkladně vařte, dokud se nezahřeje, užívejte si!

Informace o výživě:Kalorie: 90 Tuk: 4 g Sacharidy: 11 g Bílkoviny: 4 g

Taro listy v kokosové omáčce Porce: 5

Doba vaření: 20 minut

Ingredience:

4 šálky sušených listů taro

2 plechovky kokosového krému, rozdělené

¼ šálku mletého vepřového masa, 90 % libového

1 lžička krevetová pasta

1 chilli paprička z ptačího oka, mletá

Pokyny:

1. Kromě 1 plechovky kokosového krému umístěte všechny ingredience do hrnce nastaveného na střední stupeň. Zajistěte víko. Vařte nerušeně 3 až 3½ hodiny.

2. Před vypnutím ohně nalijte zbývající plechovku kokosové smetany. Promícháme a podáváme.

Informace o výživě:Kalorie 264 Sacharidy: 8 g Tuky: 24 g Bílkoviny: 4 g

Porce pečeného tofu a zeleniny: 4

Doba vaření: 20 minut

Ingredience:

3 šálky baby špenátu nebo kapusty

1 lžíce sezamového oleje

1 lžíce zázvoru, mletého

1 stroužek česneku, nasekaný

1 libra pevného tofu, nakrájená na 1-palcové kostky

1 lžíce bezlepkové tamari nebo sójové omáčky ¼ lžičky vloček červené papriky (volitelně)

1 lžička rýžového octa

2 jarní cibulky, nakrájené na tenké plátky

Pokyny:

1. Předehřejte troubu na 400 °F.

2. Smíchejte špenát, olej, zázvor a česnek na velkém pečicím plechu s okrajem.

3. Pečte, dokud špenát nezvadne, 3 až 5 minut.

4. Přidejte tofu, tamari a vločky červené papriky (pokud používáte) a promíchejte, aby se dobře propojily.

5. Pečte, dokud tofu nezačne hnědnout, 10 až 15 minut.

6. Doplňte octem a jarní cibulkou a podávejte.

Informace o výživě:Kalorie 121 Celkový tuk: 8 g Celkové sacharidy: 4 g Cukr: 1 g Vláknina: 2 g Bílkoviny: 10 g Sodík: 258 mg

Kořeněná brokolice, květák a tofu s červenou cibulí

Porce: 2

Doba vaření: 25 minut

Ingredience:

2 šálky růžičky brokolice

2 šálky růžičky květáku

1 střední červená cibule, nakrájená na kostičky

3 lžíce extra panenského olivového oleje

1 lžička soli

¼ lžičky čerstvě mletého černého pepře

1 libra pevného tofu, nakrájená na 1-palcové kostky

1 stroužek česneku, nasekaný

1 (¼ palce) kousek čerstvého zázvoru, mletý

Pokyny:

1. Předehřejte troubu na 400 °F.

2. Smíchejte brokolici, květák, cibuli, olej, sůl a pepř na velkém pečicím plechu s okrajem a dobře promíchejte.

3. Restujte, dokud zelenina nezměkne, 10 až 15 minut.

4. Přidejte tofu, česnek a zázvor. Opečte do 10 minut.

5. Ingredience na plechu jemně promíchejte, aby se tofu spojilo se zeleninou a podávejte.

<u>Informace o výživě:</u>Kalorie 210 Celkový tuk: 15 g Celkové sacharidy: 11 g Cukr: 4 g Vláknina: 4 g Bílkoviny: 12 g Sodík: 626 mg

Porce fazolí a lososa: 4

Doba vaření: 25 minut

Ingredience:

1 šálek konzervovaných černých fazolí, scezených a opláchnutých 4 stroužky česneku, nasekané

1 žlutá cibule, nakrájená

2 lžíce olivového oleje

4 filety lososa, vykostěné

½ lžičky koriandru, mletého

1 lžička prášku z kurkumy

2 rajčata, nakrájená na kostičky

½ šálku kuřecího vývaru

Špetka soli a černého pepře

½ lžičky semínek kmínu

1 lžíce pažitky, nasekané

Pokyny:

1. Rozpálíme pánev s olejem na střední teplotu, přidáme cibuli a česnek a restujeme 5 minut.

2. Přidejte rybu a opékejte ji z každé strany 2 minuty.

3. Přidejte fazole a ostatní ingredience, jemně promíchejte a vařte dalších 10 minut.

4. Směs rozdělte na talíře a podávejte hned k obědu.

Informace o výživě:kalorií 219, tuky 8, vláknina 8, sacharidy 12, bílkoviny 8

Porce mrkvové polévky: 4

Doba vaření: 40 minut

Ingredience:

1 šálek máslové dýně, nasekané

1 polévková lžíce. Olivový olej

1 polévková lžíce. Kurkuma prášek

14 ½ oz. Kokosové mléko, světlé

3 šálky nakrájené mrkve

1 pórek, opláchnutý a nakrájený na plátky

1 polévková lžíce. Zázvor, strouhaný

3 šálky zeleninového vývaru

1 šálek fenyklu, nakrájeného

Sůl a pepř, podle chuti

2 stroužky česneku, mleté

Pokyny:

1. Začněte rozehřátím holandské trouby na středně vysokou teplotu.

2. K tomu po lžících vmícháme olej a poté vmícháme fenykl, dýni, mrkev a pórek. Dobře promíchejte.

3. Nyní ji restujte 4 až 5 minut nebo dokud nezměkne.

4. Dále do ní přidejte kurkumu, zázvor, pepř a česnek. Vařte ještě 1 až 2 minuty.

5. Poté do ní vlijte vývar a kokosové mléko. Dobře kombinujte.

6. Poté přiveďte směs k varu a zakryjte holandskou troubu.

7. Nechte 20 minut vařit.

8. Po uvaření přeneste směs do vysokorychlostního mixéru a mixujte 1 až 2 minuty nebo dokud nezískáte krémově hladkou polévku.

9. Zkontrolujte koření a v případě potřeby přidejte další sůl a pepř.

<u>Informace o výživě:</u>Kalorie: 210,4 kcal Bílkoviny: 2,11 g Sacharidy: 25,64 g Tuky: 10,91 g

Porce zdravého těstovinového salátu: 6

Doba vaření: 10 minut

Ingredience:

1 balení bezlepkových těstovin fusilli

1 šálek hroznových rajčat, nakrájených na plátky

1 hrst čerstvého koriandru, nasekaného

1 šálek oliv, napůl

1 šálek čerstvé bazalky, nasekané

½ šálku olivového oleje

Mořská sůl podle chuti

Pokyny:

1. Smíchejte olivový olej, nasekanou bazalku, koriandr a mořskou sůl.

Dát stranou.

2. Těstoviny uvařte podle návodu na obalu, sceďte a propláchněte.

3. Smíchejte těstoviny s rajčaty a olivami.

4. Přidejte směs olivového oleje a míchejte, dokud se dobře nespojí.

Informace o výživě:Celkový obsah sacharidů 66 g Vláknina: 5 g Bílkoviny: 13 g Celkový obsah tuků: 23 g Kalorie: 525

Porce cizrnového kari: 4 až 6

Doba vaření: 25 minut

Ingredience:

2 × 15 uncí Cizrna, omytá, okapaná a uvařená 2 polévkové lžíce. Olivový olej

1 polévková lžíce. Kurkuma prášek

½ z 1 cibule, nakrájené na kostičky

1 lžička Cayenne, uzemněno

4 stroužky česneku, mleté

2 lžičky Chilli prášek

15 oz. Rajčatové pyré

Černý pepř, podle potřeby

2 polévkové lžíce. Rajčatová pasta

1 lžička Cayenne, uzemněno

½ polévkové lžíce. Javorový sirup

½ z 15 oz. plechovka kokosového mléka

2 lžičky Kmín, uzemněný

2 lžičky Uzená paprika

Pokyny:

1. Rozpalte velkou pánev na středně vysokou teplotu. K tomu po lžících vmícháme olej.

2. Jakmile se olej rozpálí, vmíchejte cibuli a opékejte 3 až 4

minut nebo do změknutí.

3. Dále do ní po lžících přidejte rajčatový protlak, javorový sirup, všechna koření, rajčatový protlak a česnek. Dobře promíchejte.

4. Poté k ní přidejte uvařenou cizrnu spolu s kokosovým mlékem, černým pepřem a solí.

5. Nyní vše pořádně zamíchejte a nechte 8 až 10 vařit

minut nebo do zhoustnutí.

6. Pokapeme limetkovou šťávou a podle potřeby ozdobíme koriandrem.

Informace o výživě:Kalorie: 224 kcal Bílkoviny: 15,2 g Sacharidy: 32,4 g Tuky: 7,5 g

Složení Stroganoff z mletého masa:

1 lb libového mletého masa

1 malá cibule nakrájená na kostičky

1 stroužek česneku nasekaný

3/4 lb nových hub nakrájených

3 lžíce mouky

2 šálky masového vývaru

sůl a pepř na dochucení

2 lžičky worcesterské omáčky

3/4 šálku ostré smetany

2 lžíce nové petrželky

Pokyny:

1. Tmavě zbarvený mletý hamburger, cibuli a česnek (snažte se, aby se na povrchu něco nerozdělily) v misce, dokud nezůstane růžová. Kanálový tuk.

2. Přidejte nakrájené houby a vařte 2-3 minuty. Vmícháme mouku a postupně vaříme 1 minutu.

3. Přidejte vývar, worcesterskou omáčku, sůl a pepř a zahřejte k bodu varu. Snížíme teplotu a dusíme na nízké teplotě 10 minut.

Uvařte vaječné nudle, jak je uvedeno v záhlaví svazku.

4. Masovou směs odstavíme z tepla, vmícháme ostrou smetanu a petrželku.

5. Podávejte přes vaječné nudle.

Porce pikantních krátkých žebírek: 4

Doba vaření: 65 minut

Ingredience:

2 libry hovězí krátká žebra

1 ½ lžičky olivového oleje

1 ½ lžíce sójové omáčky

1 lžíce worcesterské omáčky

1 lžíce stévie

1 ¼ šálku nakrájené cibule.

1 lžička mletého česneku

1/2 šálku červeného vína

⅓ šálku kečupu, bez cukru

Sůl a černý pepř podle chuti

Pokyny:

1. Žebra nakrájejte na 3 díly a potřete je černým pepřem a solí.

2. Přidejte olej do instantního hrnce a stiskněte rest.

3. Vložte žebra do oleje a opékejte 5 minut z každé strany.

4. Vhoďte cibuli a restujte 4 minuty.

5. Vmíchejte česnek a vařte 1 minutu.

6. Zbytek ingrediencí rozšleháme v míse a nalijeme na žebra.

7. Nasaďte tlakovou poklici a vařte 55 minut v manuálním režimu při vysokém tlaku.

8. Po dokončení přirozeně uvolněte tlak a poté sejměte víko.

9. Podávejte teplé.

<u>Informace o výživě:</u>Kalorie 555, Sacharidy 12,8 g, Bílkoviny 66,7 g, Tuky 22,3 g, Vláknina 0,9 g

Kuřecí a bezlepková nudlová polévka Porce: 4

Doba vaření: 25 minut

Ingredience:

¼ šálku extra panenského olivového oleje

3 stonky celeru, nakrájené na ¼-palcové plátky

2 střední mrkve, nakrájené na ¼-palcové kostky

1 malá cibule, nakrájená na ¼-palcové kostičky

1 snítka čerstvého rozmarýnu

4 šálky kuřecího vývaru

8 uncí bezlepkové penne

1 lžička soli

¼ lžičky čerstvě mletého černého pepře

2 šálky na kostičky nakrájené grilované kuře

¼ šálku jemně nasekané čerstvé ploché petrželky<u>Pokyny:</u>

1. Ve velkém hrnci rozehřejte olej na vysokou teplotu.

2. Vložíme celer, mrkev, cibuli a rozmarýn a restujeme do změknutí, 5 až 7 minut.

3. Přidejte vývar, penne, sůl a pepř a provařte.

4. Vařte a vařte, dokud penne nezměkne, 8 až 10 minut.

5. Vyjměte a vyhoďte snítku rozmarýnu a přidejte kuře a petržel.

6. Snižte teplotu na minimum. Uvařte do 5 minut a podávejte.

Informace o výživě:Kalorie 485 Celkový tuk: 18 g Celkové sacharidy: 47 g Cukr: 4 g Vláknina: 7 g Bílkoviny: 33 g Sodík: 1423 mg

Porce čočkového kari: 4

Doba vaření: 40 minut

Ingredience:

2 lžičky Hořčičná semínka

1 lžička Kurkuma, uzemněná

1 šálek čočky, namočené

2 lžičky Semínka kmínu

1 rajče, velké a nakrájené

1 žlutá cibule, nakrájená nadrobno

4 šálky vody

Mořská sůl, podle potřeby

2 mrkve, nakrájené na půlměsíce

3 hrsti špenátových listů, nastrouhaných

1 lžička Zázvor, mletý

½ lžičky. Chilli prášek

2 polévkové lžíce. Kokosový olej

Pokyny:

1. Nejprve dejte fazole mungo a vodu do hluboké pánve na středně vysokou teplotu.

2. Nyní přiveďte fazolovou směs k varu a nechte ji vařit.

3. Vařte 20 až 30 minut nebo dokud mungo nezměknou.

4. Poté zahřejte kokosový olej ve velkém hrnci na středním plameni a vmíchejte hořčičná semínka a kmín.

5. Pokud hořčičná semínka prasknou, vložte cibuli. Cibuli orestujte na 4 minut nebo dokud nezměknou.

6. Lžící přidejte česnek a pokračujte v restování další 1 minutu.

Jakmile je aromatická, přidejte do ní kurkumu a chilli prášek.

7. Poté přidejte mrkev a rajčata – vařte 6 minut nebo do změknutí.

8. Nakonec do ní přidejte uvařenou čočku a vše pořádně promíchejte.

9. Vmícháme špenátové listy a restujeme, dokud nezvadnou. Odstraňte z tepla. Podávejte teplé a užívejte si.

<u>Informace o výživě:</u>Kalorie 290 kcal Bílkoviny: 14 g Sacharidy: 43 g Tuky: 8 g

Kuřecí maso a hrášek Porce restování: 4

Doba vaření: 10 minut

Ingredience:

1 ¼ šálku vykostěných kuřecích prsou bez kůže, nakrájených na tenké plátky

3 lžíce čerstvého koriandru, nasekaného

2 lžíce rostlinného oleje

2 lžíce sezamových semínek

1 svazek jarní cibulky, nakrájené na tenké plátky

2 lžičky Sriracha

2 stroužky česneku, nasekané

2 lžíce rýžového octa

1 paprika, nakrájená na tenké plátky

3 lžíce sójové omáčky

2 ½ šálků lupínkového hrášku

Sůl, podle chuti

Čerstvě mletý černý pepř, podle chuti

Pokyny:

1. Na pánvi na středním plameni rozehřejte olej. Přidejte česnek a na tenké plátky nakrájenou cibulku. Vařte minutu a poté přidejte 2 ½ šálků lupínkového hrášku spolu s paprikou. Vařte do měkka, jen asi 3-4 minuty.

2. Přidejte kuře a vařte asi 4-5 minut, nebo dokud není úplně propečené.

3. Přidejte 2 lžičky Sriracha, 2 lžíce sezamových semínek, 3 lžíce sójové omáčky a 2 lžíce rýžového octa. Vše promíchejte, dokud se dobře nespojí. Na mírném ohni vařte během 2-3 minut.

4. Přidejte 3 lžíce nasekaného koriandru a dobře promíchejte. Přeneste a v případě potřeby posypte dalšími sezamovými semínky a koriandrem. Užívat si!

Informace o výživě:228 kalorií 11 g tuku 11 g celkových sacharidů 20 g bílkovin

Šťavnatá brokolice se sardelovými mandlemi

Porce: 6

Doba vaření: 10 minut

Ingredience:

2 svazky brokolice, nakrájené

1 lžíce extra panenského olivového oleje

1 dlouhé čerstvé červené chilli papričky zbavené semínek, jemně nasekané 2 stroužky česneku, nakrájené na tenké plátky

¼ šálku přírodních mandlí, hrubě nasekaných

2 lžičky citronové kůry, jemně nastrouhané

Citronová šťáva, čerstvá

4 ančovičky v oleji, nakrájené

Pokyny:

1. Ve velkém hrnci rozehřejte olej, dokud nebude horký. Přidejte scezené ančovičky, česnek, chilli a citronovou kůru. Vařte do aromata, 30

sekund za častého míchání. Přidejte mandle a pokračujte ve vaření ještě minutu za častého míchání. Odstraňte z ohně a přidejte šťávu z čerstvého citronu.

2. Poté vložte brokolici do parního košíku nad hrncem s vroucí vodou. Přikryjte a vařte do křupava, 2

do 3 minut. Dobře sceďte a poté přendejte na velký servírovací talíř. Navrch dejte mandlovou směs. Užívat si.

Informace o výživě:kcal 350 Tuky: 7 g Vláknina: 3 g Bílkoviny: 6 g

Porce shiitake a špenátové placičky: 8

Doba vaření: 15 minut

Ingredience:

1 ½ šálku houby shiitake, mleté

1 ½ šálku špenátu, nakrájeného

3 stroužky česneku, nasekané

2 cibule, nasekané

4 lžičky olivový olej

1 vejce

1 ½ šálku quinoa, vařené

1 ½ lžičky. italské koření

1/3 šálku pražených slunečnicových semínek, mletých

1/3 šálku sýra Pecorino, nastrouhaný

Pokyny:

1. V hrnci rozehřejte olivový olej. Jakmile jsou horké, orestujte houby shiitake 3 minuty, nebo dokud nejsou lehce opečené. Přidejte česnek a

cibuli. Smažte 2 minuty nebo dokud nebude voňavá a průsvitná. Dát stranou.

2. Ve stejném hrnci rozehřejte zbývající olivový olej. Přidejte špenát. Snižte teplotu, poté vařte 1 minutu, sceďte a přendejte do cedníku.

3. Špenát nasekáme nadrobno a přidáme do houbové směsi. Do špenátové směsi přidejte vejce. Vmíchejte uvařenou quinou – okořeňte italským kořením a poté míchejte, dokud se dobře nespojí. Posypeme slunečnicovými semínky a sýrem.

4. Špenátovou směs rozdělte na placičky – placičky uvařte do 5

minut nebo dokud nebude pevná a zlatavě hnědá. Podávejte s burgerovým chlebem.

Informace o výživě: Kalorie 43 Sacharidy: 9 g Tuky: 0 g Bílkoviny: 3 g

Brokolicový květákový salát Porce: 6

Doba vaření: 20 minut

Ingredience:

¼ lžičky Černý pepř, uzemněný

3 šálky květákových růžic

1 polévková lžíce. Ocet

1 lžička Miláček

8 šálků kapusty, nakrájené

3 šálky růžičky brokolice

4 polévkové lžíce. Extra panenský olivový olej

½ lžičky. Sůl

1 ½ lžičky. Dijonská hořčice

1 lžička Miláček

½ šálku sušených třešní

1/3 šálku pekanových ořechů, nakrájených

1 šálek sýra Manchego, nastrouhaný

Pokyny:

1. Předehřejte troubu na 450 ° F a vložte plech na pečení na střední mřížku.

2. Poté vložte růžičky květáku a brokolice do velké mísy.

3. K tomu přidejte polovinu soli, dvě lžíce oleje a pepř. Dobře prohoďte.

4. Nyní směs přendejte na předehřátý plech a pečte 12 minut a mezitím ji jednou překlopte.

5. Jakmile změkne a má zlatou barvu, vyjměte jej z trouby a nechte zcela vychladnout.

6. Mezitím v jiné misce smíchejte zbývající dvě lžíce oleje, ocet, med, hořčici a sůl.

7. Touto směsí potřete listy kapusty tak, že na ně pomasírujete listy rukama. Odložte na 3 až 5 minut.

8. Nakonec do brokolicově-květákového salátu vmícháme orestovanou zeleninu, sýr, třešně a pekan.

Informace o výživě:Kalorie: 259 kcal Bílkoviny: 8,4 g Sacharidy: 23,2 g Tuky: 16,3 g

Kuřecí salát s čínským dotykem Porce: 3

Doba vaření: 25 minut

Ingredience:

1 středně zelená cibule (nakrájená na tenké plátky)

2 Kuřecí prsa bez kosti

2 lžíce sójové omáčky

¼ lžičky bílého pepře

1 lžíce sezamového oleje

4 šálky římského salátu (nakrájeného)

1 hrnek zelí (strouhané)

¼ šálku malých kostek mrkve

¼ šálku na tenké plátky nakrájených mandlí

¼ šálku nudlí (pouze pro podávání)

Pro přípravu čínského dresingu:

1 nasekaný stroužek česneku

1 lžička sójové omáčky

1 lžíce sezamového oleje

2 lžíce rýžového octa

1 lžíce cukru

Pokyny:

1. Čínský dresink připravíme tak, že všechny ingredience rozšleháme v míse.

2. V misce marinujte kuřecí prsa s česnekem, olivovým olejem, sójovou omáčkou a bílým pepřem po dobu 20 minut.

3. Vložte pekáč do předehřáté trouby (na 225°C).

4. Do pekáče vložíme kuřecí prsa a pečeme téměř 20 minut.

5. Pro sestavení salátu kombinujte římský salát, zelí, mrkev a zelenou cibulku.

6. Pro podávání položte na talíř kus kuřete a na něj salát. Přelijte ho spolu s nudlemi.

<u>Informace o výživě:</u>Kalorie 130 Sacharidy: 10 g Tuky: 6 g Bílkoviny: 10 g

Amarant a quinoa plněné papriky porce: 4

Doba vaření: 1 hodina a 10 minut

Ingredience:

2 lžíce Amarantu

1 střední cuketa, oříznutá, nastrouhaná

2 vyzrálá rajčata, nakrájená na kostičky

2/3 šálku (přibližně 135 g) quinoy

1 cibule, středně velká, nakrájená nadrobno

2 prolisované stroužky česneku

1 lžička mletého kmínu

2 lžíce lehce opražených slunečnicových semínek 75 g sýra ricotta, čerstvý

2 lžíce rybízu

4 kapie, velké, podélně rozpůlené a zbavené semínek 2 lžíce plocholisté petrželky, nahrubo nasekané Pokyny:

1. Plech na pečení, nejlépe velký, vyložte pečicím papírem (nepřilnavý) a poté si předem předehřejte troubu na 350 F. Středně velký kastrol naplňte přibližně půl litrem vody a poté přidejte amarant a quinou; přiveďte k varu na mírném ohni. Po dokončení snižte teplotu na nízkou; přikryjte a nechte 12 až 15 dusit, dokud se zrnka nezmění al dente a nevstřebá vodu

minut. Sundejte z plotny a dejte stranou.

2. Mezitím si velkou pánev lehce potřete olejem a rozehřejte ji na středním plameni. Po zahřátí přidejte cibuli s cuketou a za častého míchání několik minut vařte do změknutí. Přidejte kmín a česnek; vařte minutu. Sundejte z plotny a nechte vychladnout.

3. Vložte zrna, cibulovou směs, slunečnicová semínka, rybíz, petržel, ricottu a rajčata do mixovací nádoby, nejlépe velké; ingredience dobře promíchejte, dokud se dobře nespojí – dochuťte pepřem a solí podle chuti.

4. Kapie naplňte připravenou směsí quinoa a naskládejte je na plech, plech zakryjte hliníkovou fólií – pečte na 17 až 20

minut. Odstraňte alobal a pečte, dokud nádivka nezezlátne a zelenina nezměkne, dalších 15 až 20 minut.

Informace o výživě:kcal 200 Tuky: 8,5 g Vláknina: 8 g Bílkoviny: 15 g

Křupavé rybí filé se sýrovou krustou Porce: 4

Doba vaření: 10 minut

Ingredience:

¼ hrnku celozrnné strouhanky

¼ hrnku parmazánu, strouhaného

¼ lžičky mořské soli ¼ lžičky mletého pepře

1 polévková lžíce. olivový olej 4 ks filé tilapie

Pokyny:

1. Předehřejte troubu na 375 °F.

2. V míse promíchejte strouhanku, parmazán, sůl, pepř a olivový olej.

3. Dobře promíchejte, dokud se důkladně nesmíchá.

4. Směsí potřete filety a položte je na lehce vymazaný plech.

5. Vložte plech do trouby.

6. Pečte 10 minut, dokud se filety nepropečou a nezhnědnou.

Informace o výživě:Kalorie: 255 Tuk: 7 g Bílkoviny: 15,9 g Sacharidy: 34 g
Vláknina: 2,6 g

Protein Power Fazole A Zelené Plněné Skořápky

Ingredience:

Pravá nebo oceánská sůl

Olivový olej

12 oz. svazek skořápek druhu (kolem 40) 1 lb. ztužený štípaný špenát

2 až 3 stroužky česneku, oloupané a rozdělené

15 až 16 uncí. ricotta čedar (ideálně plnotučné/celé mléko) 2 vejce

1 plechovka bílých fazolí (například cannellini), vyčerpaná a propláchnutá

½ C zelené pesto, vyrobené na zakázku nebo místně získané Mletý tmavý pepř

3 C (nebo více) marinara omáčka

Mletý parmazán nebo pecorino čedar (dle uvážení)<u>Pokyny:</u>

1. Zahřejte libovolnou rychlostí 5 litrů vody k bodu varu v obrovském hrnci (nebo pracujte ve dvou menších shlucích). Přidejte lžíci soli, kapku olivového oleje a skořápky. Probublávejte asi 9 minut (nebo dokud není extrémně stále poněkud pevné), sporadicky promíchejte, aby byly skořápky izolované. Jemně nasměrujte skořápky do cedníku nebo naberte z vody otevřenou lžičkou. Rychle omyjte studenou vodou. Olemovaný topný plech vyložte

potravinářskou fólií. V okamžiku, kdy jsou skořápky dostatečně chladné, aby se s nimi dalo vypořádat, oddělte je ručně, vylijte přebytečnou vodu a dejte otvor do osamocené vrstvy na plechové nádobě. Po prakticky vychladnutí potřete postupně plastovým obalem.

2. Přiveďte několik litrů vody (nebo použijte zbývající vodu z těstovin, pro případ, že jste ji nevylili) do bubliny v podobném hrnci. Přidejte ztuhlý špenát a vařte tři minuty na nejvyšší stupeň, dokud nebude jemný. Cedník vyložte mokrými papírovými utěrkami, pokud jsou otvory obrovské, v tomto okamžiku dejte špenát. Umístěte cedník nad misku, aby se více vyčerpal, zatímco začnete plnit.

3. Do výživného procesoru přidejte pouze česnek a běžte, dokud nebude jemně nasekaný a nepřilne ke stranám. Seškrábněte po stranách mísy, v tomto bodě přidejte ricottu, vejce, fazole, pesto, 1½

lžičky soli a trochu pepře (hlavně zmáčknout). Stiskněte špenát ve svém sevření, abyste vyčerpali studnu vynikající vody, v tu chvíli přidejte do různých upevnění ve výživném procesoru. Nechejte běžet, dokud nebude prakticky hladká, s pár malými kousky špenátu, které jsou stále patrné. Přikláním se k tomu, že neochutnávám po zahrnutí surového vejce, ale náhodou, že si myslíte, že jeho základní chuť trochu a upravíte aroma podle chuti.

4. Předehřejte brojler na 350 (F) a osprchujte nebo jemně naolejujte brojler 9 x 13"

pánev, kromě další menší misky na guláš (asi 8 až 10 skořápek se do 9 x 13 nevejde). Chcete-li naplnit skořápky, získejte postupně každou skořápku a držte ji otevřenou palcem a ukazováčkem své nepřevládající ruky. Druhou rukou naberte 3 až 4 polévkové lžíce a škrábněte do skořápky. Větší část z nich nebude vypadat skvěle, což je v pořádku! Naplněné skořápky umístěte blízko sebe do připravené nádoby. Na skořápky nalijte omáčku a nechte kousky zelené náplně nezaměnitelné. Nádobu potřete zápražkou a připravte na 30 minut. Zvyšte teplo na 375 (F), posypte skořápky trochou mletého parmazánu (pokud používáte) a teplo odhalte na dalších 5

až 10 minut, dokud se čedar nerozpustí a nezmenší se hojnost vlhkosti.

5. Vychlaďte 5 až 10 minut, v tu chvíli podávejte samostatně nebo s čerstvým talířem míchané zeleniny jako dodatek!

Ingredience na asijský nudlový salát:

8 uncí na délku mírné celozrnné těstovinové nudle – například špagety (použijte soba nudle, aby byly bezlepkové) 24 uncí Mann's Brokolice Cole Slaw – 2 sáčky o objemu 12 uncí 4 unce mleté mrkve

1/4 šálku extra panenského olivového oleje

1/4 šálku rýžového octa

3 polévkové lžíce nektaru – použijte lehký agávový nektar, abyste si zamilovali zeleninu

3 lžíce hladké ořechové pomazánky

2 polévkové lžíce sójové omáčky s nízkým obsahem sodíku – v případě potřeby bezlepková 1 polévková lžíce pepřové omáčky Sriracha – nebo česnekově chilli omáčky, navíc podle chuti

1 lžíce mletého nového zázvoru

2 čajové lžičky mletého česneku — asi 4 stroužky 3/4 šálku vařených nesolených arašídů, — obvykle nasekaný 3/4 šálku nového koriandru — jemně nasekaný

Pokyny:

1. Zahřejte obrovský hrnec s osolenou vodou až k varu. Vařte nudle, dokud nejsou stále trochu tuhé, podle záhlaví svazku. Kanál a rychle propláchněte

studenou vodou, abyste odstranili přebytečný škrob a zastavili vaření, v tom okamžiku se přesuňte do velké servírovací mísy. Zahrňte brokolici a mrkev.

2. Zatímco se těstoviny vaří, prošlehejte olivový olej, rýžový ocet, nektar, ořechovou pomazánku, sójovou omáčku, Sriarchu, zázvor a česnek. Nalijte na nudlovou směs a promíchejte, aby se zpevnila. Zahrňte arašídy a koriandr a vrhněte znovu. Podávejte vychlazené nebo při pokojové teplotě s extra omáčkou Sriracha podle potřeby.

3. Poznámky ke vzorcům

4. Asijský nudlový salát můžeme podávat studený nebo při pokojové teplotě.

Skladujte v chladničce ve vodě/vzduchovém držáku po dobu 3 dnů.

Porce lososa a zelených fazolek: 4

Doba vaření: 26 minut

Ingredience:

2 lžíce olivového oleje

1 žlutá cibule, nakrájená

4 filety lososa, vykostěné

1 šálek zelených fazolek, oříznutých a rozpůlených

2 stroužky česneku, nasekané

½ šálku kuřecího vývaru

1 lžička chilli prášku

1 lžička sladké papriky

Špetka soli a černého pepře

1 lžíce koriandru, nasekaného

Pokyny:

1. Rozpálíme pánev s olejem na střední teplotu, přidáme cibuli, promícháme a 2 minuty restujeme.

2. Přidejte rybu a opékejte ji z každé strany 2 minuty.

3. Přidejte zbytek ingrediencí, jemně promíchejte a pečte vše při 360 stupních F po dobu 20 minut.

4. Vše rozdělte na talíře a podávejte k obědu.

Informace o výživě: kalorie 322, tuky 18,3, vláknina 2, sacharidy 5,8, bílkoviny 35,7

Sýrové plněné kuřecí ingredience:

2 jarní cibulky (skrovně nakrájené)

2 semena jalapeňos (skrovně nakrájené)

1/4 c. koriandr

1 lžička limetkový šmrnc

4 unce. Monterey Jack čedar (hrubě mletý) 4 malé kuřecí prsa bez kostí a kůže

3 polévkové lžíce. olivový olej

Sůl

Pepř

3 polévkové lžíce. limetkový džus

2 kruhové papriky (nakrájené na jemné plátky)

1/2 malé červené cibule (nakrájené)

5 c. natrhaný římský salát

Pokyny:

1. Zahřejte brojlery na 450 °F. V misce spojte jarní cibulku a nasazené jalapeňos, 1/4 šálku koriandru (nasekaného) a limetky, v tu chvíli zamíchejte čedarem Monterey Jack.

2. Doplňte čepel do nejtlustšího kousku každého z vykostěných kuřecích prsou bez kůže a pohybujte se sem a tam, abyste vytvořili 2 1/2-palcovou kapsu, která je tak široká, jak si lze představit. Kuřecí náplň se směsí čedaru.

3. Zahřejte 2 lžíce olivového oleje v obrovské pánvi na středním stupni.

Kuře osolte a opepřete a vařte 3 až 4 minuty, dokud nebude na jedné straně zářivě tmavší. Kuře otočte a opékejte, dokud nebude uvařené, 10 až 12 minut.

4. Mezitím si v obrovské míse prošlehejte limetkovou šťávu, 1

lžíce olivového oleje a 1/2 lžičky soli. Přidejte kruhovou papriku a červenou cibuli a nechte 10 minut odležet, sporadicky mrkněte. Pusťte s římským salátem a 1 šálkem nového koriandru. Dávejte s kuřecím masem a plátky limetky.

Rukola s dresinkem gorgonzola Porce: 4

Doba vaření: 0 minut

Ingredience:

1 svazek rukoly, očištěné

1 hruška, nakrájená na tenké plátky

1 lžíce čerstvé citronové šťávy

1 stroužek česneku, rozdrcený

1/3 šálku sýra Gorgonzola, rozdrobený

1/4 šálku zeleninového vývaru se sníženým obsahem sodíku

Čerstvě mletý pepř

4 lžičky olivového oleje

1 polévková lžíce jablečného octa

Pokyny:

1. Plátky hrušek a citronovou šťávu dejte do mísy. Přehodit do kabátu.

Plátky hrušek spolu s rukolou rozložte na talíř.

2. V misce smíchejte ocet, olej, sýr, vývar, pepř a česnek. Nechte 5 minut, vyjměte česnek. Nalijte dresink a poté podávejte.

Informace o výživě:Kalorie 145 Sacharidy: 23 g Tuky: 4 g Bílkoviny: 6 g

Porce zelné polévky: 6

Doba vaření: 35 minut

Ingredience:

1 žlutá cibule, nakrájená

1 hlávka zeleného zelí, nakrájená

2 lžíce olivového oleje

5 šálků zeleninového vývaru

1 mrkev, oloupaná a nastrouhaná

Špetka soli a černého pepře

1 lžíce koriandru, nasekaného

2 lžičky tymiánu, nasekaného

½ lžičky uzené papriky

½ lžičky pálivé papriky

1 lžíce citronové šťávy

Porce květákové rýže: 4

Doba vaření: 10 minut

Ingredience:

¼ šálku oleje na vaření

1 polévková lžíce. Kokosový olej

1 polévková lžíce. Kokosový cukr

4 šálky květáku, rozděleného na růžičky ½ lžičky. Sůl

Pokyny:

1. Květák nejprve zpracujte v kuchyňském robotu a zpracujte 1 až 2 minuty.

2. Ve velké pánvi na středním plameni rozehřejte olej, poté do pánve po lžících přidejte rýžový květák, kokosový cukr a sůl.

3. Dobře je promíchejte a vařte 4 až 5 minut nebo dokud květák nezměkne.

4. Nakonec zalijte kokosovým mlékem a pochutnejte si.

Informace o výživě:Kalorie 108 kcal Bílkoviny: 27,1 g Sacharidy: 11 g Tuky: 6 g

Porce Feta Frittata a špenát: 4

Doba vaření: 10 minut

Ingredience:

½ malé hnědé cibule

250 g baby špenátu

½ šálku sýra feta

1 lžíce česnekové pasty

4 rozšlehaná vejce

Směs koření

Sůl & pepř dle chuti

1 lžíce olivového oleje

Pokyny:

1. Přidejte nadrobno nakrájenou cibuli na oleji a opékejte na středním plameni.

2. Přidejte špenát na světle hnědou cibuli a vařte 2 minuty.

3. Ve vejcích přidejte směs studeného špenátu a cibule.

4. Nyní přidejte česnekovou pastu, sůl a pepř a směs promíchejte.

5. Tuto směs vařte na mírném plameni a jemně vmíchejte vejce.

6. Na vejce přidejte sýr feta a pánev vložte pod již předehřátý gril.

7. Vařte téměř 2 až 3 minuty, dokud frittata nezhnědne.

8. Podávejte tuto feta frittatu horkou nebo studenou.

<u>Informace o výživě:</u>Kalorie 210 Sacharidy: 5 g Tuky: 14 g Bílkoviny: 21 g

Ingredience samolepek na ohnivý kuřecí hrnec:

1 libra mletého kuřete

1/2 šálku zničeného zelí

1 mrkev, zbavená a zničená

2 stroužky česneku, vymačkané

2 zelené cibule, skromně nakrájené

1 lžíce sójové omáčky se sníženým obsahem sodíku

1 lžíce hoisin omáčky

1 polévková lžíce přirozeně mletého zázvoru

2 lžičky sezamového oleje

1/4 lžičky mletého bílého pepře

36 wonů tun obalů

2 lžíce rostlinného oleje

NA HORKOU CHILI OLEJOVOU OMÁČKU:

1/2 šálku rostlinného oleje

1/4 šálku sušených červených chilli papriček, rozmačkaných

2 stroužky česneku, mleté

Pokyny:

1. Zahřejte rostlinný olej na malé pánvi na střední teplotu. Vmíchejte rozmačkanou papriku a česnek, míchejte tak často, dokud olej nedosáhne 180 stupňů F, asi 8-10 minut; dát na bezpečné místo.

2. V obrovské misce smíchejte kuře, zelí, mrkev, česnek, zelenou cibulku, sójovou omáčku, omáčku hoisin, zázvor, sezamový olej a bílý pepř.

3. Pro sběr knedlíků položte obaly na pracovní plochu.

Naneste lžíci 1 polévkové lžíce kuřecí směsi do ohniska každého obalu. Pomocí prstu otřete okraje obalů vodou. Směs překryjte náplní do tvaru půlměsíce a okraje zmáčkněte, aby se uzavřela.

4. Rostlinný olej rozehřejte na velké pánvi na střední teplotu.

Vložte nálepky na hrnce do osamocené vrstvy a vařte, dokud nebude briliantní a svěží, asi 2–3 minuty z každé strany.

5. Podávejte ihned s horkou omáčkou z dušeného oleje.

Česnekové krevety se strouhaným květákem
Porce: 2

Doba vaření: 15 minut

Ingredience:

Pro přípravu krevet

1 libra krevety

2-3 lžíce cajunského koření

Sůl

1 lžíce másla/ghí

Pro přípravu květákové krupice

2 lžíce ghí

12 uncí květáku

1 stroužek česneku

Sůl podle chuti

Pokyny:

1. Květák a česnek vařte v 8 uncích vody na středním plameni, dokud nezměknou.

2. Rozmixujte křehký květák v kuchyňském robotu s ghí. Vodu v páře přidávejte postupně pro správnou konzistenci.

3. Nasypte 2 lžíce cajunského koření na krevety a nechte marinovat.

4. Ve velké pánvi vezměte 3 lžíce ghí a na středním plameni opečte krevety.

5. Umístěte velkou lžíci květákové krupice do mísy s smaženými krevetami.

Informace o výživě:Kalorie 107 Sacharidy: 1 g Tuk: 3 g Bílkoviny: 20 g

Porce brokolice s tuňákem: 1

Doba vaření: 10 minut

Ingredience:

1 lžička Extra panenský olivový olej

3 oz. Tuňák ve vodě, nejlépe světlý a mohutný, scezený 1 polévková lžíce. Vlašské ořechy, nasekané nahrubo

2 šálky brokolice, nakrájené nadrobno

½ lžičky. Pikantní omáčkou

Pokyny:

1. Začněte smícháním brokolice, koření a tuňáka ve velké míse, dokud se dobře nespojí.

2. Poté zeleninu vložte do mikrovlnné trouby na 3 minuty nebo do změknutí

3. Poté do mísy vmíchejte vlašské ořechy a olivový olej a dobře promíchejte.

4. Podávejte a užívejte si.

Informace o výživě:Kalorie 259 kcal Bílkoviny: 27,1 g Sacharidy: 12,9 g Tuky: 12,4 g

Máslová dýňová polévka s krevetami Porce: 4

Doba vaření: 20 minut

Ingredience:

3 lžíce nesoleného másla

1 malá červená cibule, nakrájená nadrobno

1 stroužek česneku, nakrájený na plátky

1 lžička kurkuma

1 lžička soli

¼ lžičky čerstvě mletého černého pepře

3 hrnky zeleninového vývaru

2 šálky loupané máslové dýně nakrájené na ¼-palcové kostky 1 libra uvařených loupaných krevet, v případě potřeby rozmražených 1 šálek neslazeného mandlového mléka

¼ šálku loupaných mandlí (volitelně)

2 lžíce najemno nasekané čerstvé ploché petrželky 2 lžičky strouhané nebo mleté citronové kůry

Pokyny:

1. Ve velkém hrnci na prudkém ohni rozpusťte máslo.

2. Přidejte cibuli, česnek, kurkumu, sůl a pepř a restujte, dokud nebude zelenina měkká a průsvitná, 5 až 7 minut.

3. Přidejte vývar a dýni a vařte.

4. Vařte do 5 minut.

5. Přidejte krevety a mandlové mléko a vařte, dokud se nezahřeje asi 2 minuty.

6. Posypte mandlemi (pokud používáte), petrželkou a citronovou kůrou a podávejte.

<u>Informace o výživě:</u>Kalorie 275 Celkový tuk: 12 g Celkové sacharidy: 12 g Cukr: 3 g Vláknina: 2 g Bílkoviny: 30 g Sodík: 1665 mg

Chutné pečené krůtí kuličky Porce: 6

Doba vaření: 30 minut

Ingredience:

1 libra mletého krocana

½ hrnku čerstvé strouhanky, bílé nebo celozrnné pšenice ½ hrnku parmazánu, čerstvě nastrouhaného

½ polévkové lžíce. bazalka, čerstvě nasekaná

½ polévkové lžíce. oregano, čerstvě nasekané

1 ks velké vejce, rozšlehané

1 polévková lžíce. petržel, čerstvě nasekaná

3 lžíce mléka nebo vody

Špetka soli a pepře

Špetka čerstvě nastrouhaného muškátového oříšku

Pokyny:

1. Předehřejte troubu na 350 °F.

2. Dva pekáče vyložte pečicím papírem.

3. Ve velké míse smíchejte všechny ingredience.

4. Ze směsi vytvořte 1-palcové kuličky a každou kuličku vložte do pekáče.

5. Vložte pánev do trouby.

6. Pečte 30 minut, nebo dokud se krůta nepropeče a povrchy nezhnědnou.

7. V polovině pečení masové kuličky jednou otočte.

Informace o výživě:Kalorie: 517 kalorický tuk: 17,2 g Bílkoviny: 38,7 g Sacharidy: 52,7 g Vláknina: 1 g

Porce průhledné polévky z škeblí: 4

Doba vaření: 15 minut

Ingredience:

2 lžíce nesoleného másla

2 střední mrkve, nakrájené na ½-palcové kousky

2 řapíkatý celer, nakrájené na tenké plátky

1 malá červená cibule, nakrájená na ¼-palcové kostičky

2 stroužky česneku, nakrájené na plátky

2 hrnky zeleninového vývaru

1 (8 uncí) láhev šťávy z mušlí

1 (10 uncí) plechovka škeblí

½ lžičky sušeného tymiánu

½ lžičky soli

¼ lžičky čerstvě mletého černého pepře

Pokyny:

1. Ve velkém hrnci na vysoké teplotě rozpusťte máslo.

2. Přidejte mrkev, celer, cibuli a česnek a restujte 2 až 3 minuty do mírného změknutí.

3. Přidejte vývar a šťávu ze škeblí a provařte.

4. Vařte a vařte, dokud mrkev nezměkne, 3 až 5 minut.

5. Vmíchejte škeble a jejich šťávu, tymián, sůl a pepř, prohřejte 2 až 3 minuty a podávejte.

Informace o výživě:Kalorie 156 Celkový tuk: 7 g Celkové sacharidy: 7 g Cukr: 3 g Vláknina: 1 g Bílkoviny: 14 g Sodík: 981 mg

Porce rýže a kuřecího hrnce: 4

Doba vaření: 25 minut

Ingredience:

1 lb. kuřecí prsa z volného chovu, vykostěné, bez kůže ¼ šálku hnědé rýže

¾ lb. žampionů dle výběru, nakrájené na plátky

1 pórek, nakrájený

¼ šálku mandlí, nasekaných

1 šálek vody

1 polévková lžíce olivový olej

1 šálek zelených fazolek

½ šálku jablečného octa

2 polévkové lžíce všestranná mouka

1 hrnek mléka, nízkotučného

¼ šálku parmazánu, čerstvě nastrouhaného

¼ šálku zakysané smetany

Špetka mořské soli, v případě potřeby přidejte více

mletý černý pepř, podle chuti

Pokyny:

1. Do hrnce nasypte hnědou rýži. Přidejte do vody. Přikryjeme a přivedeme k varu. Snižte teplotu a poté vařte 30 minut nebo dokud není rýže uvařená.

2. Mezitím na pánev přidejte kuřecí prsa a nalijte tolik vody, aby byla pokryta – dochuťte solí. Směs povařte, poté snižte teplotu a nechte 10 minut vařit.

3. Kuře naporcujeme. Dát stranou.

4. Zahřejte olivový olej. Vařte pórek do změknutí. Přidejte houby.

5. Do směsi nalijte jablečný ocet. Směs restujte, dokud se ocet neodpaří. Do pánve přidejte mouku a mléko.

Posypeme parmazánem a přidáme zakysanou smetanu. Okořeníme černým pepřem.

6. Předehřejte troubu na 350 stupňů F. zapékací misku lehce namažte olejem.

7. Do zapékací misky rozprostřete uvařenou rýži, navrch pak nakrájené kuřecí maso a zelené fazolky. Přidejte houbovou a pórkovou omáčku.

Navrch dejte mandle.

8. Pečte do 20 minut nebo dozlatova. Před podáváním nechte vychladnout.

Informace o výživě:Kalorie 401 Sacharidy: 54 g Tuky: 12 g Bílkoviny: 20 g

Dušené krevety Jambalaya Jumble Porce: 4

Doba vaření: 30 minut

Ingredience:

10 uncí střední krevety, loupané

¼ hrnku celeru, nakrájené ½ hrnku cibule, nakrájené

1 polévková lžíce. olej nebo máslo ¼ lžičky česneku, mletého

¼ lžičky cibulové soli nebo mořské soli

⅓ hrnku rajčatové omáčky ½ lžičky uzené papriky

½ lžičky worcesterské omáčky

⅔-hrnek mrkve, nakrájené

1¼ šálků kuřecí klobásy, předvařené a nakrájené na kostičky 2 šálky čočky, namočené přes noc a předvařené 2 šálky okry, nakrájené

Špetka drcené červené papriky a černého pepře parmazán, strouhaný na polevu (volitelně)Pokyny:

1. Krevety, celer a cibuli opékejte s olejem na pánvi na středně vysokou teplotu po dobu pěti minut, nebo dokud krevety nezrůžoví.

2. Přidejte zbytek ingrediencí a dále restujte 10

minut, nebo dokud zelenina nezměkne.

3. Pro podávání rozdělte směs jambalaya rovnoměrně do čtyř servírovacích misek.

4. Podle potřeby posypte pepřem a sýrem.

<u>Informace o výživě:</u>Kalorie: 529 Tuk: 17,6 g Bílkoviny: 26,4 g Sacharidy: 98,4 g Vláknina: 32,3 g

Kuřecí chilli porce: 6

Doba vaření: 1 hodina

Ingredience:

1 žlutá cibule, nakrájená

2 lžíce olivového oleje

2 stroužky česneku, nasekané

1 libra kuřecích prsou bez kůže, kostí a nakrájená na kostičky 1 zelená paprika, nakrájená

2 šálky kuřecího vývaru

1 lžíce kakaového prášku

2 lžíce chilli prášku

1 lžička uzené papriky

1 šálek konzervovaných rajčat, nakrájených

1 lžíce koriandru, nasekaného

Špetka soli a černého pepře

Pokyny:

1. Na středním plameni rozehřejte hrnec s olejem, přidejte cibuli a česnek a restujte 5 minut.

2. Přidejte maso a opékejte ještě 5 minut.

3. Přidejte zbytek ingrediencí, promíchejte a vařte na středním plameni 40 minut.

4. Chilli rozdělte do misek a podávejte k obědu.

Informace o výživě:kalorií 300, tuky 2, vláknina 10, sacharidy 15, bílkoviny 11

Porce česnekové a čočkové polévky: 4

Doba vaření: 15 minut

Ingredience:

2 lžíce extra panenského olivového oleje

2 střední mrkve, nakrájené na tenké plátky

1 malá bílá cibule, nakrájená na ¼-palcové kostičky

2 stroužky česneku, nakrájené na tenké plátky

1 lžička mleté skořice

1 lžička soli

¼ lžičky čerstvě mletého černého pepře

3 hrnky zeleninového vývaru

1 (15 uncí) plechovka čočky, okapaná a opláchnutá 1 lžíce mleté nebo strouhané pomerančové kůry

¼ šálku nasekaných vlašských ořechů (volitelně)

2 lžíce najemno nasekané čerstvé plocholisté petrželkyPokyny:

1. Ve velkém hrnci rozehřejte olej na vysokou teplotu.

2. Vložte mrkev, cibuli a česnek a restujte do změknutí, 5 až 7 minut.

3. Přidejte skořici, sůl a pepř a míchejte, aby se zelenina obalila, rovnoměrně 1 až 2 minuty.

4. Přilijte vývar a provařte. Podusíme, poté vložíme čočku a vaříme do 1 minuty.

5. Vmíchejte pomerančovou kůru a podávejte posypané vlašskými ořechy (pokud používáte) a petrželkou.

<u>Informace o výživě:</u>Kalorie 201 Celkový tuk: 8 g Celkové sacharidy: 22 g Cukr: 4 g Vláknina: 8 g Bílkoviny: 11 g Sodík: 1178 mg

Chutná cuketa & kuře v klasickém Santa Fe restování

Porce: 2

Doba vaření: 15 minut

Ingredience:

1 polévková lžíce. olivový olej

2 ks kuřecí prsa, nakrájená na plátky

1 ks cibule, malá, nakrájená na kostičky

2 stroužky česneku, mletá 1 ks cukety, nakrájená ½ hrnku mrkve, nastrouhaná

1 ČL papriky, uzený 1 ČL kmínu, mletý

½ lžičky chilli ¼ lžičky mořské soli

2 polévkové lžíce. čerstvou limetkovou šťávu

¼ šálku koriandru, čerstvě nasekaného

Hnědá rýže nebo quinoa při podávání

Pokyny:

1. Kuře restujte na olivovém oleji asi 3 minuty, dokud kuře nezhnědne. Dát stranou.

2. Použijte stejný wok a přidejte cibuli a česnek.

3. Vařte, dokud cibule nezměkne.

4. Přidejte mrkev a cuketu.

5. Směs promíchejte a vařte ještě asi minutu.

6. Do směsi přidejte všechna koření a míchejte další minutu.

7. Vraťte kuře do woku a zalijte limetkovou šťávou.

8. Míchejte, dokud se vše neprovaří.

9. Při podávání umístěte směs na vařenou rýži nebo quinou a navrch dejte čerstvě nasekaný koriandr.

Informace o výživě:Kalorie: 191 Tuk: 5,3 g Bílkoviny: 11,9 g Sacharidy: 26,3 g Vláknina: 2,5 g

Tilapia Tacos s úžasným zázvorovo-sezamovým salátem

Porce: 4

Doba vaření: 5 hodin

Ingredience:

1 lžička čerstvého zázvoru, nastrouhaného

Sůl a čerstvě namletý černý pepř podle chuti 1 lžička stévie

1 lžíce sójové omáčky

1 lžíce olivového oleje

1 lžíce citronové šťávy

1 lžíce bílého jogurtu

1½ lb filé z tilapie

1 šálek směsi salátu coleslaw

Pokyny:

1. Zapněte instantní hrnec, přidejte do něj všechny ingredience, kromě filetů tilapie a salátu coleslaw, a míchejte, dokud se dobře nespojí.

2. Poté přidejte filety, míchejte, dokud se dobře nepokryjí, zavřete víkem a stiskněte

tlačítko „pomalé vaření" a vařte 5 hodin, přičemž filety v polovině otočte.

3. Po dokončení přendejte filety do misky a nechte zcela vychladnout.

4. Pro přípravu jídla rozdělte směs salátu coleslaw mezi čtyři vzduchotěsné nádoby, přidejte tilapii a dejte do lednice až na tři dny.

5. Až budete připraveni k jídlu, zahřejte tilapii v mikrovlnné troubě, dokud nebude horká a poté podávejte se salátem coleslaw.

<u>Informace o výživě:</u>Kalorie 278, celkový tuk 7,4 g, celkový obsah sacharidů 18,6 g, bílkoviny 35,9 g, cukr 1,2 g, vláknina 8,2 g, sodík 194 mg

Porce guláše z čočky na kari: 4

Doba vaření: 15 minut

Ingredience:

1 lžíce olivového oleje

1 cibule, nakrájená

2 stroužky česneku, nasekané

1 polévková lžíce organického kari koření

4 šálky organického zeleninového vývaru s nízkým obsahem sodíku 1 šálek červené čočky

2 šálky máslové dýně, vařené

1 šálek kapusty

1 lžička kurkumy

Mořská sůl podle chuti

Pokyny:

1. Ve velkém hrnci na středním plameni orestujte olivový olej s cibulí a česnekem, přidejte. Smažte 3 minuty.

2. Přidejte organické kari koření, zeleninový vývar a čočku a přiveďte k varu – vařte 10 minut.

3. Vmícháme uvařenou dýni a kapustu.

4. Přidejte kurkumu a mořskou sůl podle chuti.

5. Podávejte teplé.

<u>Informace o výživě:</u>Celkový obsah sacharidů 41 g Vláknina: 13 g Bílkoviny: 16 g Celkový obsah tuku: 4 g Kalorie: 252

Kapustový salát Caesar s grilovaným kuřecím masem Porce: 2

Doba vaření: 20 minut

Ingredience:

6 šálků kadeřavého kale, nakrájeného na malé kousky velikosti sousta ½ slazeného vejce; vařené

8 uncí grilovaného kuřete, nakrájeného na tenké plátky

½ lžičky dijonské hořčice

¾ šálku parmazánu, jemně nastrouhaného

mletý černý pepř

kóšer sůl

1 stroužek česneku, nasekaný

1 šálek cherry rajčat, nakrájených na čtvrtky

1/8 šálku citronové šťávy, čerstvě vymačkané

2 velké tortilly nebo dva chleby Lavash

1 lžička agáve nebo medu

1/8 šálku olivového oleje

Pokyny:

1. Ve velké míse smíchejte polovinu rozmačkaného vejce s hořčicí, mletým česnekem, medem, olivovým olejem a citronovou šťávou. Šlehejte, dokud nezískáte konzistenci podobnou dresinku. Dochuťte pepřem a solí podle chuti.

2. Přidejte cherry rajčata, kuřecí maso a kapustu; jemně promíchejte, dokud nebude hezky pokrytý dresinkem, a poté přidejte ¼ šálku parmazánu.

3. Rozložte placky a rovnoměrně rozložte připravený salát na obaly; každý posypte přibližně ¼ šálku parmazánu.

4. Zábaly srolujte a rozkrojte napůl. Okamžitě podávejte a užívejte.

Informace o výživě:kcal 511 Tuky: 29 g Vláknina: 2,8 g Bílkoviny: 50 g

Porce špenátového salátu: 1

Doba vaření: 5 minut

Ingredience:

1 šálek čerstvého špenátu

¼ šálku konzervovaných černých fazolí

½ šálku konzervovaných fazolí garbanzo

½ šálku cremini houby

2 lžíce bio balzamikového vinaigrette 1 lžíce olivového oleje

Pokyny:

1. Vařte cremini houby s olivovým olejem na mírném, středním ohni po dobu 5 minut, dokud lehce nezhnědnou.

2. Salát sestavte tak, že na talíř přidáte čerstvý špenát a doplníte fazolemi, houbami a balzamikovým vinaigrettem.

Informace o výživě:Celkový obsah sacharidů 26 g Vláknina: 8 g Bílkoviny: 9 g Celkový obsah tuků: 15 g Kalorie: 274

Porce krustovaného lososa s vlašskými ořechy a rozmarýnem: 6

Doba vaření: 20 minut

Ingredience:

1 Nasekejte stroužek česneku

1 lžíce dijonské hořčice

¼ lžičky citronové kůry

1 lžíce citronové šťávy

1 lžíce čerstvého rozmarýnu

1/2 lžíce medu

Olivový olej

Čerstvá petržel

3 lžíce nasekaných vlašských ořechů

1 libra lososa bez kůže

1 lžička čerstvá drcená červená paprika

Sůl pepř

Měsíčky citronu na ozdobu

3 lžíce panko strouhanky

1 lžíce extra panenského olivového oleje

Pokyny:

1. Plech rozložte do trouby a předehřejte na 240C.

2. V misce smícháme hořčičnou pastu, česnek, sůl, olivový olej, med, citronovou šťávu, drcenou červenou papriku, rozmarýn, pudingový med.

3. Smíchejte panko, vlašské ořechy a olej a na plech rozložte tenký plátek ryby. Na obě strany ryby rovnoměrně nastříkejte olivový olej.

4. Na lososa položte ořechovou směs s hořčičnou směsí.

5. Lososa pečte téměř 12 minut. Ozdobte čerstvou petrželkou a kolečky citronu a podávejte horké.

<u>Informace o výživě:</u>Kalorie 227 Sacharidy: 0 g Tuky: 12 g Bílkoviny: 29 g

Pečené sladké brambory s červenou omáčkou Tahini Porce: 4

Doba vaření: 30 minut

Ingredience:

15 uncí konzervovaná cizrna

4 Středně velké sladké brambory

½ lžíce olivového oleje

1 špetka soli

1 lžíce limetkové šťávy

1/2 lžičky kmínu, koriandru a paprikového prášku na česnekovou bylinkovou omáčku

¼ šálku tahini omáčky

½ lžíce limetkové šťávy

3 stroužky česneku

Sůl podle chuti

Pokyny:

1. Troubu předehřejte na 204°C. Cizrnu dejte do soli, koření a olivového oleje. Rozložte je na fólii.

2. Batátové tenké měsíčky potřeme olejem a položíme na marinované fazole a upečeme.

3. Na omáčku smíchejte v misce všechny fixace. Přidejte do ní trochu vody, ale nechte ji hustou.

4. Po 25 minutách vyjměte batáty z trouby.

5. Tento pečený batátový cizrnový salát ozdobte horkou česnekovou omáčkou.

<u>Informace o výživě:</u>Kalorie 90 Sacharidy: 20 g Tuky: 0 g Bílkoviny: 2 g

Italská letní squashová polévka Porce: 4

Doba vaření: 15 minut

Ingredience:

3 lžíce extra panenského olivového oleje

1 malá červená cibule, nakrájená na tenké plátky

1 stroužek česneku, nasekaný

1 hrnek nakrájené cukety

1 šálek nastrouhané žluté tykve

½ šálku nastrouhané mrkve

3 hrnky zeleninového vývaru

1 lžička soli

2 lžíce najemno nasekané čerstvé bazalky

1 lžíce najemno nasekané čerstvé pažitky

2 lžíce piniových oříšků

Pokyny:

1. Ve velkém hrnci rozehřejte olej na vysokou teplotu.

2. Vložíme cibuli a česnek a restujeme do změknutí, 5 až 7 minut.

3. Přidejte cuketu, žlutou dýni a mrkev a restujte, dokud nezměknou, 1 až 2 minuty.

4. Přidejte vývar a sůl a provařte. Vařte během 1 až 2 minut.

5. Vmíchejte bazalku a pažitku a podávejte posypané piniovými oříšky.

<u>Informace o výživě:</u>Kalorie 172 Celkový tuk: 15 g Celkové sacharidy: 6 g Cukr: 3 g Vláknina: 2 g Bílkoviny: 5 g Sodík: 1170 mg

Porce polévky se šafránem a lososem: 4

Doba vaření: 20 minut

Ingredience:

¼ šálku extra panenského olivového oleje

2 pórky, pouze bílé části, nakrájené na tenké plátky

2 střední mrkve, nakrájené na tenké plátky

2 stroužky česneku, nakrájené na tenké plátky

4 šálky zeleninového vývaru

1 libra filetů z lososa bez kůže, nakrájená na 1-palcové kousky 1 lžička soli

¼ lžičky čerstvě mletého černého pepře

¼ lžičky šafránových nití

2 šálky baby špenátu

½ šálku suchého bílého vína

2 lžíce nasekané jarní cibulky, bílé i zelené části 2 lžíce najemno nasekané čerstvé ploché petrželkyPokyny:

1. Ve velkém hrnci rozehřejte olej na maximum.

2. Přidejte pórek, mrkev a česnek a restujte do změknutí, 5 až 7 minut.

3. Přilijte vývar a provařte.

4. Podusíme a přidáme lososa, sůl, pepř a šafrán. Vařte, dokud není losos propečený, asi 8 minut.

5. Přidejte špenát, víno, jarní cibulku a petržel a vařte, dokud špenát nezvadne, 1 až 2 minuty, a podávejte.

<u>Informace o výživě:</u>Kalorie 418 Celkový tuk: 26 g Celkové sacharidy: 13 g Cukr: 4 g Vláknina: 2 g Bílkoviny: 29 g Sodík: 1455 mg

Thajská horká a kyselá krevetová polévka a houbová polévka

Porce: 6

Doba vaření: 38 minut

Ingredience:

3 lžíce nesoleného másla

1lb krevety, oloupané a zbavené

2 lžičky mletého česneku

1-palcový kousek kořene zázvoru, oloupaný

1 střední cibule, nakrájená na kostičky

1 červené thajské chilli, nakrájené

1 stonek citronové trávy

½ lžičky čerstvé limetkové kůry

Sůl a čerstvě namletý černý pepř, podle chuti 5 šálků kuřecího vývaru

1 lžíce kokosového oleje

½ lb cremini houby, nakrájené na klínky

1 malá zelená cuketa

2 lžíce čerstvé limetkové šťávy

2 lžíce rybí omáčky

¼ svazku čerstvé thajské bazalky, nasekané

¼ svazku čerstvého koriandru, nakrájeného

Pokyny:

1. Vezměte velký hrnec, umístěte ho na střední teplotu, přidejte máslo, a když se rozpustí, přidejte krevety, česnek, zázvor, cibuli, chilli, citronovou trávu a limetkovou kůru, ochuťte solí a černým pepřem a 3 minuty povařte.

2. Zalijte vývarem, vařte 30 minut a poté sceďte.

3. Velkou pánev rozehřejte na střední teplotu, přidejte olej a když je rozpálená, přidejte houby a cuketu, dochuťte solí a černým pepřem a 3 minuty opékejte.

4. Přidejte krevetovou směs do pánve, 2 minuty vařte, zakápněte limetkovou šťávou a rybí omáčkou a 1 minutu vařte.

5. Ochutnejte a upravte koření, poté pánev sejměte z ohně, ozdobte koriandrem a bazalkou a podávejte.

Informace o výživě:Kalorie 223, celkový tuk 10,2 g, celkový obsah sacharidů 8,7 g, bílkoviny 23 g, cukr 3,6 g, sodík 1128 mg

Orzo se sušenými rajčaty Ingredience:

1 lb vykostěných kuřecích prsou bez kůže, nakrájených na 3/4-palcové kousky

1 lžička + 1 lžička olivového oleje

Sůl a křupavě mletý tmavý pepř

2 stroužky česneku, mleté

1/4 šálku (8 oz) suchých orzo těstovin

2 3/4 hrnku kuřecího vývaru s nízkým obsahem sodíku, v tu chvíli více variace (nepoužívejte běžné šťávy, bude příliš slaný) 1/3 hrnku částí sušených rajčat plněných v oleji s bylinkami (asi 12 dílů. Vyklepejte část hojného oleje), nasekaná v pořádku ve výživném procesoru

1/2 - 3/4 šálku jemně nastrouhaného parmazánového čedaru, podle chuti 1/3 šálku nasekané křupavé bazalky

Pokyny:

1. Zahřejte 1 PL olivového oleje v nádobě na středně vysoké teplotě.

2. Jakmile se leskne, přidejte kuře, jemně dochuťte solí a pepřem a vařte, dokud nebude brilantní, asi 3 minuty poté otočte na opačné strany a vařte, dokud nebude zářivě tmavě zbarvený a propečený, asi 3 minuty. Přesuňte kuře na talíř, potřete alobalem, aby zůstalo teplé.

3. Zahrňte 1 lžičku olivového oleje na orestování pokrmu v tomto bodě včetně česneku a restujte 20 sekund, nebo jen tak dlouho, dokud nebude lahodně brilantní, v tomto okamžiku nalijte kuřecí šťávu a přitom seškrabujte vařené kousky ze dna pánve.

4. Zahřejte vývar do bodu varu v tomto bodě, včetně těstovin orzo, snižte teplo na středně rozprostřenou pánev s víkem a nechte jemně probublávat 5 minut v tomto okamžiku odkryjte, promíchejte a pokračujte v probublávání, dokud nebude orzo jemné, asi 5 minut delší, občas promíchání (nestresujte se, pokud je tam ještě trochu šťávy, dodá to trochu pikantnosti).

5. Když se těstoviny uvaří, vhoďte kuře s orzem a vytáhněte je z tepla. Přidejte parmazán čedar a míchejte, dokud se nerozpustí, v tu chvíli přidejte sušená rajčata, bazalku a okořeňte

s pepřem (neměli byste vyžadovat žádnou sůl, ale přidejte trochu v případě, že byste si mysleli, že ji potřebuje).

6. Kdykoli chcete, přidejte více šťávy do ztenčení (když těstoviny odpočívají, absorbují hojnost tekutiny a já jsem si to užil s poněkud nadbytkem, takže jsem přidal trochu více). Podávejte teplé.

Porce houbové a řepné polévky: 4

Doba vaření: 40 minut

Ingredience:

2 lžíce olivového oleje

1 žlutá cibule, nakrájená

2 řepy, oloupané a nakrájené na velké kostky

1 libra bílých hub, nakrájené na plátky

2 stroužky česneku, nasekané

1 lžíce rajčatového protlaku

5 šálků zeleninového vývaru

1 lžíce petrželky, nasekané

Pokyny:

1. Na středním plameni rozehřejte hrnec s olejem, přidejte cibuli a česnek a restujte 5 minut.

2. Přidejte houby, promíchejte a restujte dalších 5 minut.

3. Přidejte řepu a ostatní ingredience, přiveďte k varu a vařte na středním plameni dalších 30 minut za občasného míchání.

4. Polévku nalijte do misek a podávejte.

Informace o výživě:kalorií 300, tuky 5, vláknina 9, sacharidy 8, bílkoviny 7

Ingredience na kuřecí parmazánové kuličky:

2 libry mletého kuřete

3/4 šálku panko strouhanky bezlepkové panko bude fungovat 1/4 šálku jemně nasekané cibule

2 lžíce mleté petrželky

2 stroužky česneku nasekané

1 malý citron kolem 1 lžičky 2 vejce

3/4 šálku zničeného Pecorino Romano nebo parmazánového čedaru 1 lžička pravé soli

1/2 lžičky jemně mletého tmavého pepře

1 litr omáčky Five Minute Marinara

4-6 uncí mozzarelly nakrájené dokřupava

Pokyny:

1. Předehřejte sporák na 400 stupňů, rošt umístěte do horní třetiny brojleru. V obrovské misce spojte vše kromě marinary a mozzarelly. Jemně kombinujte pomocí rukou nebo obrovské lžíce. Nabíráme a tvarujeme malé karbanátky a nakládáme na topný plech vyložený fólií. Masové kuličky

umístěte na talíř skutečně blízko sebe, aby se vešly. Na každou masovou kuličku nalijte asi půl polévkové lžíce omáčky. Zahřívejte 15 minut.

2. Vytáhněte masové kuličky ze sporáku a zvyšte teplotu brojleru, aby se uvařily. Na každou masovou kuličku nalijte půl lžíce omáčky navíc a navrch dejte malý čtvereček mozzarelly. (Jemné řezy jsem nakrájel na kousky o velikosti přibližně 1" čtvereční.) Grilujte další 3 minuty, dokud čedar nezměkne a nezíská lesk. Podávejte s extra omáčkou. Oceňuji!

Masové kuličky Alla Parmigiana Ingredience:

Na masové kuličky

1,5 lb mletý hamburger (80/20)

2 PL křupavé petrželky, nasekané

3/4 šálku mletého parmazánového čedaru

1/2 hrnku mandlové mouky

2 vejce

1 lžička fit soli

1/4 lžičky mletého tmavého pepře

1/4 lžičky česnekového prášku

1 lžička kapek sušené cibule

1/4 lžičky sušeného oregana

1/2 šálku teplé vody

Pro Parmigianu

1 šálek jednoduché omáčky keto marinara (nebo jakékoli místní marinary bez cukru)

4 oz mozzarella čedar

Pokyny:

1. Spojte celé upevnění masových kuliček do velké mísy a dobře promíchejte.

2. Strukturujte do patnácti 2" masových kuliček.

3. Připravte při 350 stupních (F) po dobu 20 minut NEBO smažte v obrovské pánvi na střední teplotě, dokud nebude uvařená. Ace tip – zkuste opéct na slaninovém oleji, pokud nějaký máte – obsahuje další stupeň chuti. Fricasseeing vytváří brilantní tmavé barevné stíny, které se objevily na fotografiích výše.

4. Pro Parmigianu:

5. Uvařené masové kuličky vložte do nádoby vhodné pro sporák.

6. Na každou masovou kuličku nalijte zhruba 1 PL omáčky.

7. Každý potřete zhruba 1/4 oz mozzarelly čedaru.

8. Připravte při 350 stupních (F) po dobu 20 minut (40 minut, pokud jsou masové kuličky ztuhlé) nebo dokud se neohřeje a čedar nebude brilantní.

9. Zdobení novou petrželkou, kdykoli se vám zamane.

Plech Pan Krůtí Prsa Se Zlatou Zeleninou

Porce: 4

Doba vaření: 45 minut

Ingredience:

2 lžíce nesoleného másla, při pokojové teplotě 1 střední žaludová dýně, zbavená semínek a nakrájená na tenké plátky 2 velké zlaté řepy, oloupané a na tenké plátky nakrájené ½ středně žluté cibule, nakrájené na tenké plátky

½ vykostěných krůtích prsou s kůží (1 až 2 libry) 2 lžíce medu

1 lžička soli

1 lžička kurkuma

¼ lžičky čerstvě mletého černého pepře

1 hrnek kuřecího vývaru nebo zeleninového vývaru

Pokyny:

1. Předehřejte troubu na 400 °F. Plech vymažeme máslem.

2. Dýni, červenou řepu a cibuli rozložte na plech v jedné vrstvě. Krůtí maso položíme kůží nahoru. Pokapejte medem.

Dochuťte solí, kurkumou a pepřem a přidejte vývar.

3. Pečte, dokud krůta nezaznamená 165 °F ve středu pomocí teploměru s okamžitým odečtem, 35 až 45 minut. Vyjměte a nechte 5 minut odpočinout.

4. Nakrájejte a podávejte.

Informace o výživě:Kalorie 383 Celkový tuk: 15 g Celkové sacharidy: 25 g Cukr: 13 g Vláknina: 3 g Bílkoviny: 37 g Sodík: 748 mg

Kokosově zelené kari s vařenou rýží Porce: 8

Doba vaření: 20 minut

Ingredience:

2 lžíce olivového oleje

12 uncí tofu

2 střední sladké brambory (nakrájené na kostičky)

Sůl podle chuti

314 uncí kokosového mléka

4 lžíce zelené kari pasty

3 šálky brokolicových růžic

Pokyny:

1. Tofu zbavíme přebytečné vody a opečeme na středním plameni. Přidejte sůl a smažte 12 minut.

2. Kokosové mléko, zelenou kari pastu a sladké brambory vařte na středním plameni a vařte 5 minut.

3. Nyní do ní přidejte brokolici a tofu a vařte téměř 5 minut, dokud se barva brokolice nezmění.

4. Podávejte tento kokos a zelené kari s hrstí uvařené rýže a mnoha rozinkami navrchu.

Informace o výživě:Kalorie 170 Sacharidy: 34 g Tuky: 2 g Bílkoviny: 3 g

Sladká bramborová a kuřecí polévka s čočkou

Porce: 6

Doba vaření: 35 minut

Ingredience:

10 řapíkatého celeru

1 Domácí vařené nebo grilované kuře

2 střední sladké brambory

5 uncí francouzské čočky

2 lžíce čerstvé limetkové šťávy

Eskarola velikosti ½ hlavy

6 stroužků česneku nakrájených na tenké plátky

½ šálku kopru (jemně nasekaný)

1 lžíce košer soli

2 lžíce extra panenského oleje

Pokyny:

1. Přidejte sůl, kuřecí kostru, čočku a sladké brambory do 8 uncí vody a vařte na vysokém plameni.

2. Tyto položky vařte téměř 10-12 minut a sejměte z nich všechnu pěnu.

3. Česnek a celer vařte na oleji téměř 10 minut, dokud nezměknou

& světle hnědé, pak do něj přidejte nakrájené pečené kuře.

4. Přidejte tuto směs do escarole polévky a nepřetržitě míchejte 5

minut na středním plameni.

5. Přidejte citronovou šťávu a vmíchejte kopr. Podávejte horkou polévku se solí.

<u>Informace o výživě:</u>Kalorie 310 Sacharidy: 45 g Tuky: 11 g Bílkoviny: 13 g

www.ingramcontent.com/pod-product-compliance
Lightning Source LLC
Chambersburg PA
CBHW071435080526
44587CB00014B/1854